BIBLIOTHÈQUE CATHOLIQUE,

DÉDIÉE A N. S. P. LE PAPE,

APPROUVÉE

PAR UN GRAND NOMBRE D'ÉVÊQUES,

ET PUBLIÉE

PAR UNE SOCIÉTÉ D'ECCLÉSIASTIQUES.

> Mille clypei pendent ex eâ ; omnis armatura fortium.
> CANT. 4. 4.

PARIS,

BUREAU DE LA BIBLIOTHÈQUE CATHOLIQUE,
Rue Garancière, N° 10, près Saint-Sulpice.

BIBLIOTHÈQUE CATHOLIQUE,

DÉDIÉE A N. S. P. LE PAPE,

APPROUVÉE PAR UN GRAND NOMBRE D'ÉVÊQUES,

ET PUBLIÉE

PAR UNE SOCIÉTÉ D'ECCLÉSIASTIQUES.

Ve SÉRIE.

BIBLIOTHÈQUE HISTORIQUE.

Ire CLASSE.
HISTOIRE GÉNÉRALE.

PARIS,
BUREAU DE LA BIBLIOTHÈQUE CATHOLIQUE,
Rue Garancière, n° 10, près Saint-Sulpice.

1825.

PARIS, IMPRIMERIE DE COSSON,
RUE SAINT-GERMAIN-DES-PRÉS, N° 9.

DISCOURS

SUR

L'HISTOIRE UNIVERSELLE,

A MONSEIGNEUR LE DAUPHIN;

POUR EXPLIQUER LA SUITE DE LA RELIGION,
ET LES CHANGEMENS DES EMPIRES.

PAR JACQUES-BÉNIGNE BOSSUET,
ÉVÊQUE DE MEAUX.

PREMIÈRE PARTIE.

PARIS,
BUREAU DE LA BIBLIOTHÈQUE CATHOLIQUE,
Rue Garancière, n° 10, près Saint-Sulpice.
1825.

AVERTISSEMENT

DE L'ÉDITEUR.

Nous n'essaierons pas de louer le Discours sur l'Histoire universelle (*). Il suffit de dire que c'est le chef-d'œuvre de Bossuet, et qu'on ne peut le comparer qu'avec le traité de la *Cité de Dieu*, qui est le chef-d'œuvre de saint Augustin.

Dès que cet ouvrage parut, il fut lu avec admiration dans toute l'Europe, et sa réputation s'est soutenue, ou plutôt elle a toujours été en croissant depuis un siècle et demi.

Nous donnons au commencement du volume une notice qui ne sera pas

---

(*) Cette édition est en tout conforme à celle des Œuvres complètes de Bossuet, imprimées à Versailles, dont elle forme le xxxvᵉ volume.

sans intérêt pour les bibliographes, et qui a exigé de notre part un travail assez long et assez pénible. Nous y faisons connoître les différentes éditions du Discours sur l'Histoire universelle; nous y marquons en quoi elles diffèrent de la nôtre; et nous y indiquons tous les changemens, toutes les corrections et les additions que l'illustre auteur fit successivement à son ouvrage.

Parmi ces additions, il y en a une très-importante dans la seconde partie, chap. XXIX, où Bossuet prouve que la religion de Jésus-Christ et celle de Moïse ont une origine divine. Ce fragment, trouvé sur une feuille séparée, écrite de la main de l'évêque de Meaux, fut imprimé pour la première fois en 1806, dans l'édition stéréotype d'Herhan.

Le même imprimeur publia la même année, en deux volumes in-18, une continuation du Discours sur l'Histoire universelle, qu'il donne comme l'ouvrage de Bossuet. C'est une table chronologique, qui commence au couronnement de l'empereur Charlemagne, et finit en 1661. Il est vrai que Bossuet avoit rédigé, en tout ou en partie, cet abrégé d'histoire. Les manuscrits qui ont servi à l'impression, et où l'on voit des pages entières et plusieurs corrections de sa main, ne permettent pas d'en douter. Mais il faut avouer aussi que ce n'est qu'un canevas informe, sur lequel le savant prélat se proposoit de travailler quand il en auroit le temps, et qu'il ne l'auroit jamais donné au public dans l'état où il est resté.

Nous n'avons pas osé mettre cette continuation à la suite du Discours sur l'Histoire universelle. On nous auroit reproché, avec raison, d'avoir placé un squelette auprès d'un corps plein de vie, de force et de grâce.

NOTICE

SUR

LES DIFFÉRENTES ÉDITIONS

DU

DISCOURS SUR L'HISTOIRE UNIVERSELLE,

ET SUR LES CORRECTIONS ET ADDITIONS
QUE L'AUTEUR Y A FAITES.

Le Discours sur l'Histoire universelle fut publié dans les premiers mois de 1681, à Paris, *chez Sébastien Mabre-Cramoisy*, en un vol. *in-4°* de 561 pages. Le privilége du Roi pour l'impression, daté du 11 février 1681, est accordé pour quinze ans. Cette édition, ornée de vignettes en taille-douce au commencement et à la fin du livre, est fort bien exécutée. On la contrefit en Hollande (*) la même année.

(*) L'édition que j'ai sous les yeux est assez bien imprimée, en un vol. *in* 12 de 452 pages.

La seconde édition, qui n'est qu'une réimpression de la première, avec quelques corrections, parut en 1682, chez le même libraire, en un vol. *in*-12 de 639 pages. On a mis à la première et à la dernière page les mêmes vignettes réduites, qu'à l'édition *in*-4°. Il se trouve des exemplaires de cette édition qui portent

---

Le frontispice ne porte le nom ni de la ville ni du libraire, mais seulement : *Suivant la copie imprimée à Paris, chez Sébastien Mabre-Cramoisy*, etc.

Bossuet avoit envoyé son livre, dès le mois de mai 1681, à M. de Neercassel, évêque de Castorie, vicaire apostolique en Hollande. Ce prélat l'en remercia dans une lettre datée du 21 août, et l'instruisit que les libraires de ce pays se disposoient à l'imprimer. Au mois de septembre, Bossuet envoya à M. de Neercassel un *errata*, afin qu'on en fît usage dans l'édition projetée, en recommandant toutefois de ne pas faire connoître que les corrections venoient de lui. Dans une nouvelle lettre du 23 novembre suivant, l'évêque de Castorie marque qu'on avoit déjà imprimé le *Discours sur l'Histoire universelle* en deux endroits à la fois, à Amsterdam et à La Haye. L'*errata* envoyé par Bossuet arriva sans doute trop tard; car on ne s'en est point servi dans l'édition citée plus haut, et que je conjecture être celle d'Amsterdam.

la date de 1691, *Chez L. Roulland;* mais le frontispice seul est changé.

Le même Roulland obtint, le 2 septembre 1695, un nouveau privilége pour six ans, à compter du jour de la réimpression. La troisième édition, faite en vertu de ce privilége, fut mise au jour à la fin de mars 1700 (*), en un vol. *in*-12 de 607 pages. On lit au frontispice : *Troisième édition, revue par l'Auteur.* La vignette de la première page a été seule conservée.

Cette édition est la dernière qui ait été donnée du vivant de Bossuet, et

---

(*). Lenglet-Dufresnoy, dans le *Catalogue des Historiens* qu'il a mis à la fin de sa *Méthode pour étudier l'Histoire*, donne cette édition comme étant de 1695. Il aura pu être induit en erreur par la date du privilége : mais ce qui rend incontestable l'époque de la publication de cette troisième édition, c'est ce qu'on lit à la suite du privilége, et à quoi il n'aura pas fait attention : « Achevé de réim- » primer pour la première fois, depuis l'ob- » tention du dernier privilége, le 20 du mois » de mars 1700. » Des exemplaires de cette même édition, au lieu de *Chez Roulland*, 1700, portent *Chez Michel David*, 1703. Il n'y a de différent que le frontispice.

qu'il ait revue. Elle diffère des précédentes en ce que la seconde partie, qui n'a que treize chapitres dans les deux premières éditions, est divisée en trente chapitres dans la troisième. Le dernier chapitre de l'ouvrage a été aussi partagé en deux : ce qui donne huit chapitres à la troisième partie, au lieu de sept qu'elle avoit auparavant. L'auteur, en revoyant son livre, y corrigea plusieurs fautes de dates et de citations, retoucha le style en divers endroits, et y fit beaucoup d'additions, principalement sur l'inspiration des livres saints. On a suivi cette édition dans la collection de ses *OEuvres*, Paris, 1743 et 1748, *in*-4°, et dans les éditions faites séparément du *Discours sur l'Histoire universelle*, depuis 1707 jusqu'en 1741. Mais, en 1753, les libraires de Paris qui avoient le privilége de cet ouvrage, au lieu de continuer à la réimprimer d'après l'édition de 1700, reprirent celle de 1681, et ont persisté à la suivre jusqu'à présent. Les éditions de Didot pour l'éducation du Dauphin, celle que le même imprimeur a publiée en 1814 parmi les meilleurs ouvrages de la langue française, et autres imprimées avec tant de luxe, où l'on eût dû s'appliquer à donner le texte le plus correct, ne sont pareillement que des copies de la première édition, et on y a omis les additions et les corrections faites par Bossuet dans la troisième.

Mais l'abbé Ledieu, son secrétaire, nous apprend que dans les dernières années de sa vie, l'évêque de Meaux ne cessoit de revoir son ouvrage. Le fruit de ce dernier travail est un grand nombre d'additions importantes, qu'on a entièrement écrites de sa main, et dont le but est de mettre dans un nouveau jour les preuves de l'authenticité des livres saints, et la liaison qu'ont entre eux l'ancien et le nouveau Testament. Le morceau le plus considérable est un chapitre entier, le XXIXe de la seconde partie, ayant pour titre : *Moyen facile de remonter à la source de la religion, et d'en trouver la vérité dans son principe.*

Ces fragmens étoient restés, jusqu'à nos jours, ensevelis dans un profond oubli. Ils furent imprimés pour la première fois, sous le titre assez impropre de *Variantes*, et confondus avec les additions faites en 1700, à la fin de l'édition stéréotype d'Herhan, en 4 vol.

in-18, *Paris*, 1806. On annonce, dans l'Avertissement, que l'ouvrage est « en-
» richi de *Variantes* que les anciens
» éditeurs avoient déjà publiées dans
» différentes éditions, notamment dans
» les collections des OEuvres de Bos-
» suet, imprimées en 1743 et 1748; »
et l'on reprend M. Didot l'aîné d'avoir
« supprimé ces *Variantes*, soit parce
» qu'il ne connoissoit pas l'existence
» des manuscrits, soit parce que ces
» *Variantes* nécessitoient dans l'ancien
» texte des retranchemens importans. »
Mais ce sont autant d'assertions gratuites.

1° Le plus léger examen démontrera, comme on l'a dit ci-dessus, que dans les collections de 1743 et de 1748, ainsi que dans les éditions séparées du *Discours sur l'Histoire universelle*, on s'est borné à copier tantôt la première, tantôt la troisième édition.

2° M. Didot n'eût pu avoir connoissance des additions nouvelles qu'autant que les Bénédictins, éditeurs de Bossuet, lui auroient communiqué ses manuscrits, dont ils étoient alors dépositaires : ce qui n'a pas eu lieu. On pourroit reprendre, à plus juste titre, ce célèbre imprimeur de ne s'être pas attaché à suivre la dernière édition donnée par l'auteur (*), c'est-à-dire celle de 1700, puisqu'on a vu quel soin l'évêque de Meaux avoit mis à la revoir et à la perfectionner.

3° Bien loin que ces *Variantes nécessitent dans le texte des retranchemens importans*, tout au plus exigent-elles la suppression de trois ou quatre phrases; si toutefois on peut appeler supprimées celles que l'auteur n'a ôtées que pour en substituer d'équivalentes, et souvent pour donner plus de développement au

---

(*) Nous ne pouvons concevoir le motif qui a porté M. Didot à agir directement contre les vues de l'auteur, en rejetant au bas des pages dans ses dernières éditions, les années que Bossuet avoit placées exprès à la marge, dans la première Partie de son *Discours*, pour accoutumer, dit-il, *l'esprit à mettre les événemens dans leur place selon l'ordre des temps*. On a d'autant plus lieu d'en être étonné, que même dans l'édition *in*-18 pour l'éducation du Dauphin, il avoit suivi l'ordre accoutumé, en mettant ces années à la marge. Mais nous lui rendons cette justice, qu'il a corrigé quelques-unes des dates fautives qui sont dans les autres éditions.

sujet. On se convaincra de la vérité de ce que j'avance, en jetant un coup-d'œil sur le tableau des changemens faits dans cet ouvrage, placé à la suite de cette notice ; et on y verra encore que les mots retranchés ont été remplacés par d'autres qui expriment mieux la pensée, ou bien que la netteté du discours demandoit leur entière suppression.

Ce qu'on peut dire de plus vraisemblable sur l'assertion des éditeurs stéréotypes, c'est qu'ils n'ont eu connoissance des additions manuscrites, et même des corrections de l'édition de 1700, que quand la leur a été imprimée. Alors ils se sont déterminés à placer ces fragmens à la fin de chaque volume, en indiquant les pages auxquelles ils se rapportent.

Mais ce n'étoit point remplir le vœu de Bossuet, qui bien évidemment vouloit qu'ils fussent insérés dans le corps du *Discours*, puisqu'après chaque morceau, il a marqué les premiers mots qui commencent la phrase qui doit suivre immédiatement.

Pour nous conformer à son intention, nous avons exactement suivi le texte de la troisième édition (*), en insérant, aux endroits indiqués dans le manuscrit, les différens passages ajoutés, qui se lient très-bien avec ce qui précède et ce qui suit, comme on peut le remarquer à la lecture. Cette insertion n'a exigé d'autres changemens, dans le texte ancien, que la substitution d'un petit nombre de mots marqués par l'auteur même, et la suppression de quelques lignes concernant les Samaritains, dans la *VIIe Epoque;* parce que Bossuet a réuni un peu plus bas, sous un même point de vue, tout ce qui concerne l'histoire de ce peuple.

Enfin, désirant donner à cette édi-

(*) Nous nous sommes permis de corriger uniquement un nombre inexact à la page 21, lig. 29. Au lieu de *Trente ans après*, qu'on lit dans toutes les éditions, nous avons mis : *Quarante ans après;* afin que le texte fût d'accord et avec les dates citées à la marge, et avec le livre des Juges, qui porte, chap. v, v. 32 : *Quievitque terra per quadraginta annos.*

Et page 533, lig. 17, au lieu de *mer Caspie*, qu'on lit dans les anciennes éditions, nous avons suivi les éditeurs modernes, qui ont mis *mer Caspienne.*

tion toute l'exactitude possible, nous avons vérifié les dates mises en marge de la première partie, ce qui nous a donné lieu de rectifier plusieurs erreurs: et partout où nous nous sommes aperçus que les années ne correspondoient pas aux événemens, nous avons rétabli la correspondance en plaçant les dates vis-à-vis des faits, auxquels elles se rapportent. Nous avons aussi confronté avec soin les passages cités, à l'exception de quelques rabbins et d'un très-petit nombre d'auteurs dont nous n'avons pu avoir les livres. En général, tout étoit exact. Mais, pour faciliter la vérification, si quelqu'un étoit curieux de la faire, nous avons ordinairement ajouté le chapitre, etc., quand Bossuet n'indiquoit que le livre. Nous nous sommes servis, pour les Pères de l'Eglise, des éditions des Bénédictins; pour Fl. Josèphe, de l'édition d'Havercamp; et, comme la division des livres et des chapitres n'est pas la même dans cette édition que dans les anciennes, nous avons cité des deux manières. Pour Eusèbe, on a suivi l'édition d'Henri de Valois; pour Aristote, celle de Duval; pour Hérodote, la traduction de M. Larcher; pour Denys d'Halicarnasse, celle de Bellanger; pour Diodore de Sicile, celle de Terrasson; pour Polybe, l'édition *Variorum*; pour Tacite, celle de Brotier. Nous nous bornons à ces auteurs, qui sont ceux qui reviennent plus fréquemment.

Il est bon de remarquer, pour l'intelligence des *Corrections et Additions* qui vont suivre, 1° que notre édition étant copiée sur la troisième, nous indiquons, aux endroits où elle diffère de la première, en quoi consistent ces différences. 2° Nous appelons *Additions nouvelles*, celles que Bossuet a faites depuis l'impression de la troisième édition, et qui étoient restées manuscrites jusqu'à nos jours: on les a distinguées par un astérisque. Elles paroissent pour la première fois, dans ce *Discours*, à la place que l'auteur leur avoit assignée.

CORRECTIONS ET ADDITIONS

FAITES

DEPUIS LA PREMIÈRE ÉDITION.

PREMIÈRE PARTIE.

Pag. 1. AVANT-PROPOS, etc. *La première édition porte seulement* : Dessein général de cet ouvrage.

Pag. 7, *ligne* 13. *Dans la* 1re *édition, on lit à la marge ces mots, supprimés dans la troisième* : Dessein de ce premier discours, qui est divisé en trois parties.

Pag. 9, *au titre, la* 1re *édition porte* : Première partie de ce discours. LES EPOQUES.

Pag. 15, *l.* 22; mais encore long-temps, 1re *édit.* mais long-temps.

Pag. 16, *l.* 25; en effet il exécuta... dont il est le père. Jacob, etc. 1re *édition* : en effet il exécute les conseils de Dieu. Jacob, etc.

Pag. 29, V^e époque, *l.* 26; qui sont connus; 1re *édit.* qui vous sont connus.

Pag. 34, *l.* 6; la bonté de Dieu; 1re *édit.* la bonté de son Dieu.

Pag. 41, *l.* 24; qu'on croyoit son père; 1re *édit.* qu'il disoit son père. Cette faute est corrigée dans la 2ᵉ édition.

Pag. 45, l. 21, après Assyriens, dans toutes les éditions on lit ce qui suit : Sous son règne, les Cuthéens, peuples d'Assyrie, depuis appelés Samaritains, furent envoyés pour habiter Samarie. Ceux-ci joignirent le culte de Dieu avec celui des idoles, et obtinrent d'Asaraddon un prêtre israélite, qui leur apprit le service du Dieu du pays, c'est-à-dire les observances de la loi de Moïse. Dieu ne voulut pas que son nom fût entièrement aboli dans une terre qu'il avoit donnée à son peuple, et il y laissa sa loi en témoignage. Mais leur prêtre ne leur donna que les livres de Moïse, que les dix tribus révoltées avoient retenus dans leur schisme. Les Ecritures composées depuis, par les prophètes qui sacrifioient dans le temple, étoient détestées parmi eux ; et c'est pourquoi les Samaritains ne reçoivent encore aujourd'hui que le Pentateuque.

Pendant qu'Asaraddon et les Assyriens s'établissoient si puissamment dans la grande Asie, les Mèdes, etc. On a vu ci-dessus la raison de cette suppression.

Ibid. l. 24 et 25, que quelques-uns... de

Judith; 1ʳᵉ *édit.* nommé Arphaxad dans l'Écriture.

Pag. 47, *l.* 9 à 17; qu'on croit... entreprit, etc. 1ʳᵉ *édit.* appelé Nabuchodonosor dans le livre de Judith, défit en bataille rangée Arphaxad, roi des Mèdes. Enflé de ce succès, il entreprit, etc.

Pag. 54, *l.* 15; que j'ai suivie, comme plus conforme, etc. *jusque page* 55, *l.* 17; à Ctésias, etc. 1ʳᵉ *édition* : que j'ai suivie. Pour ce qui regarde Cyrus, les auteurs profanes ne sont point d'accord sur son histoire : mais j'ai cru devoir plutôt suivre Xénophon avec saint Jérome, que Ctésias, etc.

Pag. 57, *l.* 8; il paroît certain; 1ʳᵉ *édit.* il est certain. *L.* 12 à 17 : Hérodote... Il est d'ailleurs, etc. 1ʳᵉ *édit.* Hérodote, suivi en cela par les plus habiles chronologistes, fait paroître leur premier roi Déjocès, cinquante ans après leur révolte; et il est d'ailleurs, etc.

Pag. 64, *l.* 8 à 12; encore d'autres. Ainsi il n'y a nul doute..... ces deux noms. Si on, etc. 1ʳᵉ *édit.* encore d'autres. Si on, etc.

L. 17 à 20; est certaine. C'est un nom.... Sargon, etc. 1ʳᵉ *édit.* est certaine. Sargon, etc.

CORRECTIONS

L. 22 à 4 2; Sellum : on croit.....
d'Ethiopie : Asaraddon, etc. 1re
édit. Sellum; Asaraddon, etc.

L. 27; les Cuthéens : on croit que...
jusque pag. 65, *l.* 21, une longue
liste, etc. 1re *édit.* les Cuthéens; et
par une bizarrerie dont on ne sait
point l'origine, Sardanapale se
trouve nommé par les Grecs Tonos
Concoléros. On pourroit vous faire
une grande liste, etc.

Pag. 66, *l.* 6; est inutile; 1re *édit.* vous
est inutile.

Pag. 66, *l.* 7; pour ceux.... *jusque pag.*
67, *l.* 11; éclaircie. *Cet alinéa n'est
point dans la* 1re *édition.*

Pag. 80, *l.* 23; la langue hébraïque commença.... *jusque* pag. 81, *l.* 8, d'être
vulgaire. 1re *édit.* la langue hébraïque
cessa d'être vulgaire.

* Pag. 81, *l.* 24; qu'en caractères chaldaïques. 1re *édit.* qu'en lettres chaldaïques : mais les Samaritains retinrent toujours l'ancienne manière de
l'écrire. Leurs descendans ont persévéré dans cet usage jusqu'à nos
jours, et nous ont par ce moyen conservé le Pentateuque, qu'on appelle
Samaritain, en anciens caractères hébraïques, tels qu'on les trouve dans
les médailles, et dans tous les monu-

mens des siècles passés. *La 3ᵉ édition est conforme. Au lieu de ce qui précède, Bossuet a substitué ce qu'on lit depuis* pag. 81, *l.* 25 : J'ai dit que l'Ecriture, etc. *jusque* pag. 86, *l.* 23 ; nous le voyons. *C'est une addition nouvelle.*

Pag. 107, *l.* 6 ; la Cœlé-Syrie ou la Syrie basse, et qui, etc. 1ʳᵉ *édit.* la Cœlé-Syrie, et qui, etc.

Pag. 109, *l.* 2 ; après celle de la monarchie ; 1ʳᵉ *édit.* après la fondation de la monarchie.

Pag. 112, *l.* 2 ; le gouvernement de Judas ; 1ʳᵉ *édit.* le pontificat de Judas ; *Faute corrigée dans la* 2ᵉ *édition.*

Pag 115, *l.* 29 ; la république ou la ligue des Achéens ; 1ʳᵉ *édit.* la république des Achéens.

Pag. 120, *l.* 21 ; de célébrer un jour de fête. 1ʳᵉ *édit.* de célébrer le jour du repos.

Pag. 134, *alinéa* : Voilà ce qu'il faut savoir, etc. *jusque* pag. 135, *l.* 29 : de notre Seigneur. *Addition nouvelle.*

Pag. 137, *l.* 1 *et* 2 ; est constamment celle, etc. 1ʳᵉ *édit.* est celle, etc.

Pag. 140, *l.* 12 ; et les papes confirmèrent souvent par leur sang, etc. 1ʳᵉ *édit.* et trente papes confirmèrent par leur sang, etc.

Pag. 161, *l.* 9 ; la combla d'honneurs ;

première édition la combla d'honneurs et de biens.

Pag. 211, l. 1; mais encore à l'Espagne; *première édition*, mais à l'Espagne.

Pag. 211, l. 24; célèbre division; *première édition*, célèbre distinction. *Faute corrigée dans la deuxième édition.*

FIN DES CORRECTIONS DE LA PREMIÈRE PARTIE.

DISCOURS

SUR

L'HISTOIRE UNIVERSELLE,

A MONSEIGNEUR LE DAUPHIN.

AVANT-PROPOS.

Dessein général de cet ouvrage : sa division en trois parties.

Quand l'histoire seroit inutile aux autres hommes, il faudroit la faire lire aux princes. Il n'y a pas de meilleur moyen de leur découvrir ce que peuvent les passions et les intérêts, les temps et les conjonctures, les bons et les mauvais conseils. Les histoires ne sont composées que des actions qui les occupent, et tout semble y être fait pour leur usage. Si l'expérience leur est nécessaire pour acquérir cette prudence qui fait bien régner, il n'est rien de plus utile à leur instruction que de joindre aux exemples des siècles passés les expériences qu'ils font tous les jours. Au lieu qu'ordinairement ils n'apprennent qu'aux dépens de leurs sujets et de leur propre gloire, à juger des affaires dangereuses qui leur arrivent ; par le secours de l'histoire, ils forment leur jugement, sans rien hasarder, sur les événemens passés. Lorsqu'ils voient jusqu'aux vices les plus cachés des princes, malgré les fausses louanges qu'on leur donne pendant leur vie, exposés aux yeux de tous les hommes, ils ont honte de la vaine joie que leur cause la flatterie, et ils connoissent que la vraie gloire ne peut s'accorder qu'avec le mérite.

D'ailleurs il seroit honteux, je ne dis pas à un prince, mais en général à tout honnête homme, d'ignorer le genre humain, et les changemens mémorables que la suite des temps a faits dans le monde. Si l'on apprend de l'histoire à distinguer les temps, on représentera les hommes sous la loi de la nature, ou sous la loi écrite, tels qu'ils sont sous la loi évangélique ; on parlera des Perses vaincus sous Alexandre, comme on parle des Perses victorieux sous

Cyrus, on fera la Grèce aussi libre du temps de Philippe que du temps de Thémistocle ou de Miltiade ; le peuple romain aussi fier sous les empereurs que sous les consuls : l'Eglise aussi tranquille sous Dioclétien que sous Constantin ; et la France agitée de guerres civiles du temps de Charles IX et de Henri III, aussi puissante que du temps de Louis XIV, où, réunie sous un si grand roi, seule elle triomphe de toute l'Europe.

C'est, Monseigneur, pour éviter ces inconvéniens, que vous avez lu tant d'histoires anciennes et modernes. Il a fallu, avant toutes choses, vous faire lire dans l'Ecriture l'histoire du peuple de Dieu, qui fait le fondement de la religion. On ne vous a pas laissé ignorer l'histoire grecque ni la romaine ; et ce qui vous étoit plus important, on vous a montré avec soin l'histoire de ce grand royaume, que vous êtes obligé de rendre heureux. Mais de peur que ces histoires et celles que vous avez encore à apprendre ne se confondent dans votre esprit, il n'y a rien de plus nécessaire que de vous représenter distinctement, mais en raccourci, toute la suite des siècles.

Cette manière d'histoire universelle est à l'égard des histoires de chaque pays et de chaque peuple, ce qu'est une carte générale à l'égard des cartes particulières. Dans les cartes particulières vous voyez tout le détail d'un royaume, ou d'une province en elle-même : dans les cartes universelles vous apprenez à situer ces parties du monde dans leur tout ; vous voyez ce que Paris ou l'île de France est dans le royaume, ce que le royaume est dans l'Europe, et ce que l'Europe est dans l'univers.

Ainsi les histoires particulières représentent la suite des choses qui sont arrivées à un peuple dans tout leur détail : mais, afin de tout entendre, il faut savoir le rapport que chaque histoire peut avoir avec les autres ; ce qui se fait par un abrégé, où l'on voie, comme d'un coup d'œil, tout l'ordre des temps.

Un tel abrégé, Monseigneur, vous propose un grand spectacle. Vous voyez tous les siècles précédens se développer, pour ainsi dire, en peu d'heures devant vous : vous voyez comme les empires se succèdent les uns aux autres ; et comme la religion, dans ses différens états, se soutient également depuis le commencement du monde jusqu'à notre temps.

C'est la suite de ces deux choses, je veux dire celle de la religion et celle des empires, que vous devez imprimer dans votre mémoire ; et comme la religion et le gouvernement politique sont les deux points sur lesquels roulent les choses humaines, voir ce qui regarde ces choses renfermé dans un abrégé, et en découvrir par ce moyen tout l'ordre et toute la suite, c'est comprendre dans sa pensée tout ce qu'il y a de grand parmi les hommes, et tenir, pour ainsi dire, le fil de toutes les affaires de l'univers.

Comme donc, en considérant une carte universelle, vous sortez du pays où vous êtes né, et du lieu qui vous renferme, pour parcourir toute la terre habitable, que vous embrassez par la pensée avec toutes ses mers et tous ses pays ; ainsi, en considérant l'abrégé chronologique, vous sortez des bornes étroites de votre âge, et vous vous étendez dans tous les siècles.

Mais de même que, pour aider sa mémoire dans la connoissance des lieux, on retient certaines villes principales, autour desquelles on place les autres, chacune selon sa distance; ainsi, dans l'ordre des siècles, il faut avoir certains temps marqués par quelque grand événement auquel on rapporte tout le reste.

C'est ce qui s'appelle Époque, d'un mot grec qui signifie *s'arrêter*, parce qu'on s'arrête là, pour considérer comme d'un lieu de repos tout ce qui est arrivé devant ou après, et éviter par ce moyen les anachronismes, c'est-à-dire cette sorte d'erreur qui fait confondre les temps.

Il faut d'abord s'attacher à un petit nombre d'époques, telles que sont, dans les temps de l'histoire ancienne, Adam, ou la création; Noé, ou le déluge; la vocation d'Abraham, ou le commencement de l'alliance de Dieu avec les hommes; Moïse, ou la loi écrite; la prise de Troie; Salomon, ou la fondation du temple; Romulus, ou Rome bâtie; Cyrus, ou le peuple de Dieu délivré de la captivité de Babylone; Scipion, ou Carthage vaincue; la naissance de Jésus-Christ; Constantin, ou la paix de l'Église; Charlemagne, ou l'établissement du nouvel empire.

Je vous donne cet établissement du

nouvel Empire sous Charlemagne, comme la fin de l'histoire ancienne, parce que c'est là que vous verrez finir tout-à-fait l'ancien empire romain. C'est pourquoi je vous arrête à un point si considérable de l'histoire universelle. La suite vous en sera proposée dans une seconde partie, qui vous mènera jusqu'au siècle que nous voyons illustré par les actions immortelles du roi votre père, et auquel l'ardeur que vous témoignez à suivre un si grand exemple, fait encore espérer un nouveau lustre.

Après vous avoir expliqué en général le dessein de cet ouvrage, j'ai trois choses à faire pour en tirer toute l'utilité que j'en espère.

Il faut premièrement que je parcoure avec vous les époques que je vous propose ; et que vous marquant en peu de mots les principaux événemens qui doivent être attachés à chacune d'elles, j'accoutume votre esprit à mettre ces événemens dans leur place, sans y regarder autre chose que l'ordre des temps. Mais, comme mon intention principale est de vous faire observer, dans cette suite des temps, celle de la religion et celle des grands empires, après avoir fait aller ensemble, selon le cours des années, les faits qui regardent ces deux choses, je reprendrai en particulier avec les réflexions nécessaires, premièrement ceux qui nous font entendre la durée perpétuelle de la religion, et enfin ceux qui nous découvrent les causes des grands changemens arrivés dans les empires.

Après cela, quelque partie de l'histoire ancienne que vous lisiez, tout vous tournera à profit. Il ne passera aucun fait dont vous n'aperceviez les conséquences. Vous admirerez la suite des conseils de Dieu dans les affaires de la religion : vous verrez aussi l'enchaînement des affaires humaines ; et par là vous connoîtrez avec combien de réflexion et de prévoyance elles doivent être gouvernées.

PREMIÈRE PARTIE.

LES ÉPOQUES, OU LA SUITE DES TEMPS.

PREMIÈRE ÉPOQUE.

Adam, ou la Création.

Premier âge du monde.

	Ans du monde.	Ans dev. J.C.
	1	4004

La première époque vous présente d'abord un grand spectacle : Dieu, qui crée le ciel et la terre par sa parole, et qui fait l'homme à son image. C'est par où commence Moïse, le plus ancien des historiens, le plus sublime des philosophes, et le plus sage des législateurs.

Il pose ce fondement tant de son histoire que de sa doctrine et de ses lois. Après il nous fait voir tous les hommes renfermés en un seul homme, et sa femme même tirée de lui; la concorde des mariages et la société du genre humain établie sur ce fondement; la perfection et la puissance de l'homme, tant qu'il porte l'image de Dieu en son entier;

son empire sur les animaux; son innocence tout ensemble et sa félicité dans le Paradis, dont la mémoire s'est conservée dans l'âge d'or des poètes ; le précepte divin donné à nos premiers parens; la malice de l'esprit tentateur, et son apparition sous la forme du serpent; la chute d'Adam et d'Eve, funeste à toute leur postérité; le premier homme justement puni dans tous ses enfans, et le genre humain maudit de Dieu; la première promesse de la rédemption, et la victoire future des hommes sur le démon qui les a perdus.

La terre commence à se remplir, et les crimes s'augmentent. Caïn, le premier enfant d'Adam et d'Eve, fait voir au monde naissant la première action tragique; et la vertu commence dèslors à être persécutée par le vice (1). Là paroissent les mœurs contraires des deux frères : l'innocence d'Abel, sa vie pastorale, et ses offrandes agréables; celles de Caïn rejetées, son avarice, son impiété, son parricide, et la jalousie mère des meurtres; le châtiment

___

(1) *Gen.* IV. 1, 3, 4, 8.

de ce crime, la conscience du parricide agitée de continuelles frayeurs; la première ville bâtie par ce méchant, qui se cherchoit un asile contre la haine et l'horreur du genre humain; l'invention de quelques arts par ses enfans; la tyrannie des passions, et la prodigieuse malignité du cœur humain toujours porté à faire le mal; la postérité de Seth fidèle à Dieu malgré cette dépravation; le pieux Henoch miraculeusement tiré 987   3017 du monde qui n'étoit pas digne de le posséder; la distinction des enfans de Dieu d'avec les enfans des hommes: c'est-à-dire, de ceux qui vivoient selon l'esprit, d'avec ceux qui vivoient selon la chair; leur mélange, et la corruption universelle du monde; la ruine des hommes résolue par un juste jugement de Dieu; sa colère dénoncée aux pécheurs par son serviteur Noé; leur im- 1536   2468 pénitence, et leur endurcissement puni enfin par le déluge; Noé et sa famille 1656   2348 réservés pour la réparation du genre humain.

Voilà ce qui s'est passé en 1656 ans. Tel est le commencement de toutes les histoires, où se découvrent la toute-puissance, la sagesse et la bonté de Dieu :

l'innocence heureuse sous sa protection; sa justice à venger les crimes, et en même temps sa patience à attendre la conversion des pécheurs; la grandeur et la dignité de l'homme dans sa première institution; le génie du genre humain depuis qu'il fut corrompu; le naturel de la jalousie, et les causes secrètes des violences et des guerres, c'est-à-dire tous les fondemens de la religion et de la morale.

Avec le genre humain, Noé conserva les arts, tant ceux qui servoient de fondement à la vie humaine et que les hommes savoient dès leur origine, que ceux qu'ils avoient inventés depuis. Ces premiers arts que les hommes apprirent d'abord, et apparemment de leur Créateur, sont l'agriculture (1), l'art pastoral (2), celui de se vêtir (3), et peut-être celui de se loger. Aussi ne voyons-nous pas le commencement de ces arts en Orient, vers les lieux d'où le genre humain s'est répandu.

La tradition du déluge universel se

----

(1) *Gen.* II. 15. III. 17, 18, 19. IV. 2. — (2) *Ibid.* IV. 2. — (3) *Ibid.* III. 21.

SUR L'HISTOIRE UNIVERSELLE. 13

trouve par toute la terre. L'arche, où se sauvèrent les restes du genre humain, a été de tout temps célèbre en Orient, principalement dans les lieux où elle s'arrêta après le déluge. Plusieurs autres circonstances de cette fameuse histoire se trouvent marquées dans les annales et dans les traditions des anciens peuples (1): les temps conviennent, et tout se rapporte, autant qu'on le pouvoit espérer dans une antiquité si reculée.

DEUXIÈME ÉPOQUE.

Noé, ou le Déluge.

Deuxième âge du monde.

	Ans du monde.	Ans dev. J.C.
Près du déluge se rangent le décroissement de la vie humaine, le changement dans le vivre, et une nouvelle	1656 1657	2348 2347

---

(1) *Beros. Chald.* Hist. Chald. *Hieron. Ægypt.* Phœn. Hist. *Mnas. Nic. Damasc. lib.* xcvi. *Abyd.* de Med. et Assyr. *apud Jos.* Antiq. Jud. *l.* 1, *c.* 4, *al.* 5. et *l.* 1 cont. Apion : et *Euseb.* Præp. Ev. *lib.* ix, *c.* 11, 12. *Plutarc. opusc.* Plusne solert. terr. an aquat. animal. *Lucian.* de Dea Syr.

I. 2

nourriture substituée aux fruits de la terre ; quelques préceptes donné à Noé de vive voix seulement ; la confusion des langues, arrivée à la tour de Babel, premier monument de l'orgueil et de la foiblesse des hommes, le partage des trois enfans de Noé, et la première distribution des terres.

La mémoire de ces trois premiers auteurs des nations et des peuples s'est conservée parmi les hommes. Japhet, qui a peuplé la plus grande partie de l'Occident, y est demeuré célèbre sous le nom fameux d'Iapet. Cham et son fils Chanaan n'ont pas été moins connus parmi les Egyptiens et les Phéniciens ; et la mémoire de Sem a toujours duré dans le peuple hébreu, qui en est sorti.

Un peu après ce premier partage du genre humain, Nemrod, homme farouche, devient par son humeur violente le premier des conquérans ; et telle est l'origine des conquêtes. Il établit son royaume à Babylone (1), au même lieu où la tour avoit été commencée, et déjà élevée fort haut ; mais non pas autant que le souhaitoit la va-

---

(1) *Gen.* x. 8, 9, 10, 11.

nité humaine. Environ dans le même temps Ninive fut bâtie, et quelques anciens royaumes établis. Ils étoient petits dans ces premiers temps ; et on trouve dans la seule Egypte quatre dynasties ou principautés, celle de Thèbes, celle de Thin, celle de Memphis, et celle de Tanis : c'étoit la capitale de la Basse-Egypte. On peut aussi rapporter à ce temps le commencement des lois et de la police des Egyptiens ; celui de leurs pyramides qui durent encore, et celui des observations astronomiques, tant de ces peuples que des Chaldéens. 1771 2233
Aussi voit-on remonter jusqu'à ce temps, et pas plus haut, les observations que les Chaldéens, c'est-à-dire, sans contestation, les premiers observateurs des astres, donnèrent dans Babylone à Callisthène pour Aristote (1).

Tout commence : il n'y a point d'histoire ancienne où il ne paroisse, non-seulement dans ces premiers temps, mais encore long-temps après, des vestiges manifestes de la nouveauté du monde. On voit les lois s'établir, les mœurs se polir, et les empires se for-

---

(1) *Porphyr. apud Simpl. in lib.* II. *Aristot.* de Cœlo.

mer. Le genre humain sort peu à peu de l'ignorance ; l'expérience l'instruit, et les arts sont inventés ou perfectionnés. A mesure que les hommes se multiplient, la terre se peuple de proche en proche : on passe les montagnes et les précipices ; on traverse les fleuves, et enfin les mers ; et on établit de nouvelles habitations. La terre, qui n'étoit au commencement qu'une forêt immense, prend une autre forme ; les bois abattus font place aux champs, aux pâturages, aux hameaux, aux bourgades, et enfin aux villes. On s'instruit à prendre certains animaux, à apprivoiser les autres, et à les accoutumer au service. On eut d'abord à combattre les bêtes farouches. Les premiers héros se signalèrent dans ces guerres. Elles firent inventer les armes que les hommes tournèrent après contre leurs semblables : Nemrod, le premier guerrier et le premier conquérant, est appelé dans l'Ecriture un fort chasseur (1). Avec les animaux, l'homme sut encore adoucir les fruits et les plantes; il plia jusqu'aux métaux à son usage, et

---

(1) *Gen.* x. 9.

peu à peu il y fit servir toute la nature.
Comme il étoit naturel que le temps fît
inventer beaucoup de choses, il devoit
aussi en faire oublier d'autres, du moins
à la plupart des hommes. Ces premiers
arts que Noé avait conservés, et qu'on
voit aussi toujours en vigueur dans les
contrées où se fit le premier établissement du genre humain, se perdirent à
mesure qu'on s'éloigna de ce pays. Il
fallut, ou les rapprendre avec le temps,
ou que ceux qui les avoient conservés
les reportassent aux autres. C'est pourquoi on voit tout venir de ces terres toujours habitées, où les fondemens des
arts demeurèrent en leur entier; et là
même on apprenoit tous les jours beaucoup de choses importantes. La connoissance de Dieu et la mémoire de la
création s'y conserva; mais elle alloit
s'affoiblissant peu à peu. Les anciennes
traditions s'oublioient et s'obscurcis-
soient; les fables, qui leur succédèrent,
n'en retenoient plus que de grossières
idées; les fausses divinités se multiplioient : et c'est ce qui donna lieu à la
vocation d'Abraham.

TROISIÈME ÉPOQUE.

La vocation d'Abraham, ou le commencement du peuple de Dieu et de l'alliance.

Troisième âge du monde.

QUATRE cent vingt-six ans après le déluge, comme les peuples marchoient chacun en sa voie, et oublioient celui qui les avoit faits, Dieu, pour empêcher le progrès d'un si grand mal, au milieu de la corruption, commença à se séparer un peuple élu. Abraham fut choisi pour être la tige et le père de tous les croyans. Dieu l'appela dans la terre de Chanaan, où il vouloit établir son culte et les enfans de ce patriarche, qu'il avoit résolu de multiplier comme les étoiles du ciel et comme le sable de la mer. A la promesse qu'il lui fit de donner cette terre à ses descendans, il joignit quelque chose de bien plus illustre ; et ce fut cette grande bénédiction qui devoit être répandue sur tous les peuples du monde, en Jésus-Christ sorti de sa race. C'est ce Jésus-Christ qu'Abraham honore en la personne du grand pontife Melchisédech qui le représente ; c'est à lui qu'il paie la dixme du butin qu'il avoit gagné sur les rois vaincus ; et c'est par lui qu'il est béni (1). Dans des richesses immenses, et dans une puissance qui égaloit celle des rois, Abraham conserva les mœurs antiques : il mena toujours une vie simple et pastorale, qui toutefois avoit sa magnificence, que ce patriarche faisoit paroître principalement en exerçant l'hospitalité envers tout le monde. Le ciel lui donna des hôtes ; les anges lui apprirent les conseils de Dieu ; il y crut, et parut en tout plein de foi et de piété. De son temps, Inachus, le plus ancien de tous les rois connus par les Grecs, fonda le royaume d'Argos. Après Abraham, on trouve Isaac son fils, et Jacob son petit-fils, imitateurs de sa foi et de sa simplicité dans la même vie pastorale. Dieu leur réitère aussi les mêmes promesses qu'il avoit faites à leur père, et les conduit comme lui en toutes choses. Isaac bénit Jacob au préjudice d'Esaü son frère aîné ; et trompé en apparence, en effet il exécuta les conseils de Dieu, et régla la destinée de deux peuples.

2148   1856

2245   1759

---

(1) *Hebr.* VII, 1, 2, 3 *et seq.*

Esaü eut encore le nom d'Edom, d'où sont nommés les Iduméens dont il est le père. Jacob, que Dieu protégeoit, excella en tout au-dessus d'Esaü. Un ange, contre qui il eut un combat plein de mystères, lui donna le nom d'Israël, d'où ses enfans sont appelés les Israélites. De lui naquirent les douze patriarches, pères des douze tribus du peuple hébreu : entres autres Lévi, d'où devoient sortir les ministres des choses sacrées; Juda, d'où devoit sortir avec la race royale le Christ Roi des rois et Seigneur des seigneurs; et Joseph, que Jacob aima plus que tous ses autres enfans. Là se déclarent de nouveaux secrets de la providence divine. On y voit avant toutes choses, l'innocence et la sagesse du jeune Joseph toujours ennemies des vices et soigneuses de les réprimer dans ses frères; ses songes mystérieux et prophétiques; ses frères jaloux, et la jalousie cause pour la seconde fois d'un parricide; la vente de ce grand homme; la fidélité qu'il garde à son maître; et sa chasteté admirable; les persécutions qu'elle lui attire; sa prison et sa constance; ses prédictions; sa délivrance miraculeuse : cette fameuse ex-

plication des songes de Pharaon ; le mérite d'un si grand homme reconnu : son 2289 1715
génie élevé et droit, et la protection de
Dieu, qui le fait dominer partout où il
est ; sa prévoyance ; ses sages conseils,
et son pouvoir absolu dans le royaume
de la Basse-Egypte ; par ce moyen le
salut de son père Jacob et de sa famille. 2298 1706
Cette famille chérie de Dieu s'établit
ainsi dans cette partie de l'Egypte dont
Tanis étoit la capitale, et dont les rois
prenoient tous le nom de Pharaon. Jacob
meurt ; et un peu devant sa mort il fait
cette célèbre prophétie, où découvrant 2315 1689
à ses enfans l'état de leur postérité, il
découvre en particulier à Juda le temps
du Messie, qui devoit sortir de sa race.
La maison de ce patriarche devient un
grand peuple en peu de temps : cette
prodigieuse multiplication excite la jalousie des Egyptiens : les Hébreux sont
injustement haïs, et impitoyablement
persécutés : Dieu fait naître Moïse leur 2433 1571
libérateur, qu'il délivre des eaux du Nil,
et le fait tomber entre les mains de la
fille de Pharaon : elle l'élève comme son
fils, et le fait instruire dans toute la sagesse des Egyptiens. En ces temps, les
peuples d'Egypte s'établirent en divers

endroits de la Grèce. La colonie que Cécrops amena d'Egypte fonda douze villes, ou plutôt douze bourgs dont il composa le royaume d'Athènes, et où il établit, avec les lois de son pays, les dieux qu'on y adoroit. Un peu après, arriva le déluge de Deucalion dans la Thessalie, confondue par les Grecs avec le déluge universel(1). Hellen, fils de Deucalion, régna en Phtie, pays de la Thessalie, et donna son nom à la Grèce. Ses peuples, auparavant appelés Grecs, prirent toujours depuis le nom d'Hellènes, quoique les Latins leur aient conservé leur ancien nom. Environ dans le même temps, Cadmus, fils d'Agénor, transporta en Grèce une colonie de Phéniciens, et fonda la ville de Thèbes dans la Béotie. Les dieux de Syrie et de Phénicie entrèrent avec lui dans la Grèce. Cependant Moïse s'avançait en âge. A quarante ans, il méprisa les richesses de la cour d'Egypte; et touché des maux de ses frères les Israélites, il se mit en péril pour les soulager. Ceux-ci, loin de profiter de son zèle et de son courage, l'exposèrent à la fureur de Pharaon, qui

---

(1) *Marm. Arund. seu Æra Att.*

résolut sa perte. Moïse se sauva d'Egypte en Arabie, dans la terre de Madian, où sa vertu, toujours secourable aux oppressés, lui fit trouver une retraite assurée. Ce grand homme perdant l'espérance de délivrer son peuple, ou attendant un meilleur temps, avoit passé quarante ans à paître les troupeaux de son beau-père Jethro, quand il vit dans le désert le buisson ardent, et entendit la voix du Dieu de ses pères, qui le renvoyoit en Egypte pour tirer ses frères de la servitude. Là paroissent l'humilité, le courage et les miracles de ce divin législateur; l'endurcissement de Pharaon, et les terribles châtimens que Dieu lui envoie; la Pâque, et le lendemain le passage de la mer Rouge; Pharaon et les Egyptiens ensevelis dans les eaux, et l'entière délivrance des Israélites.

QUATRIÈME ÉPOQUE.

Moïse, ou la loi écrite.

Quatrième âge du monde.

Les temps de la loi écrite commencent. Elle fut donnée à Moïse 430 ans après la vocation d'Abraham, 856 ans après le déluge, et la même année que le peuple Hébreu sortit d'Egypte. Cette date est remarquable, parce qu'on s'en sert pour désigner tout le temps qui s'écoule depuis Moïse jusqu'à Jésus-Christ. Tout ce temps est appelé le temps de la loi écrite, pour le distinguer du temps précédent, qu'on appelle le temps de la loi de nature, où les hommes n'avoient pour se gouverner que la raison naturelle et les traditions de leurs ancêtres.

Dieu donc ayant affranchi son peuple de la tyrannie des Egyptiens, pour le conduire en la terre où il veut être servi; avant que de l'y établir, lui propose la loi selon laquelle il y doit vivre. Il écrit de sa propre main, sur deux tables qu'il donne à Moïse au haut du mont Sinaï, le fondement de cette loi, c'est-à-dire, le Décalogue, ou les dix commandemens qui contiennent les premiers principes du culte de Dieu et de la société humaine. Il dicte au même Moïse les autres préceptes, par lesquels il établit le tabernacle, figure du temps futur (1); l'arche où Dieu se montroit

---

(1) Hébr. ix. 9, 13.

présent par ses oracles, et où les tables de la loi étoient renfermées ; l'élévation d'Aaron, frère de Moïse ; le souverain sacerdoce, ou le pontificat, dignité unique donnée à lui et à ses enfans ; les cérémonies de leur sacre, et la forme de leurs habits mystérieux ; les fonctions des prêtres, enfans d'Aaron ; celles des lévites, avec les autres observances de la religion ; et, ce qu'il y a de plus beau, les règles des bonnes mœurs, la police et le gouvernement de son peuple élu, dont il veut être lui-même le législateur. Voilà ce qui est marqué par l'époque de la loi écrite. Après, on voit le voyage continué dans le désert ; les révoltes, les idolâtries, les châtimens, les consolations du peuple de Dieu, que ce législateur tout-puissant forme peu à peu par ce moyen ; le sacre d'Eléazar, souverain 2552   1452
pontife, et la mort de son père Aaron ; le zèle de Phinées, fils d'Eléazar ; et le sacerdoce assuré à ses descendans par une promesse particulière. Durant ces temps, les Egyptiens continuent l'établissement de leurs colonies en divers endroits, principalement dans la Grèce, où Danaüs Egyptien se fait roi d'Argos, et dépossède les anciens rois venus

Ans du monde.	Ans dev. J.C.	
2553	1451	d'Inachus. Vers la fin des voyages du peuple de Dieu dans le désert, on voit commencer les combats, que les prières de Moïse rendent heureux. Il meurt, et laisse aux Israélites toute leur histoire, qu'il avoit soigneusement digérée dès l'origine du monde jusques au temps de sa mort. Cette histoire est continuée par l'ordre de Josué et de ses successeurs. On la divisa depuis en plusieurs livres; et c'est de là que nous sont venus le livre de Josué, le livre des Juges, et les quatre livres des Rois. L'histoire que Moïse avoit écrite, et où toute la loi étoit renfermée, fut aussi partagée en cinq livres qu'on appelle Pentateuque, et qui sont le fondement de la religion. Après la mort de l'homme de Dieu, on trouve
2559	1445	les guerres de Josué, la conquête et le partage de la Terre-Sainte, et les rébellions du peuple châtié et rétabli à diverses fois. Là se voient les victoires
2599	1405	d'Othoniel, qui le délivre de la tyrannie de Chusan, roi de Mésopotamie; et
2679	1325	quatre-vingts ans après, celle d'Aod sur
2682	1322	Eglon roi de Moab. Environ ce temps, Pélops Phrygien, fils de Tantale, règne dans le Péloponnèse, et donne son nom à cette fameuse contrée. Bel, roi des

Chaldéens, reçoit de ses peuples les honneurs divins. Les Israélites ingrats retombent dans la servitude. Jabin, roi de Chanaan, les assujettit; mais Débora la prophétesse, qui jugeoit le peuple, et Barac, fils d'Abinœm, défont Sisara, général des armées de ce roi. Quarante ans après, Gédéon, victorieux sans combattre, poursuit et abat les Madianites. Abimelech son fils usurpe l'autorité par le meurtre de ses frères, l'exerce tyranniquement, et la perd enfin avec la vie. Jephté ensanglante sa victoire par un sacrifice qui ne peut être excusé que par un ordre secret de Dieu, sur lequel il ne lui a pas plu de nous rien faire connoître. Durant ce siècle, il arrive des choses très-considérables parmi les gentils. Car, en suivant la supputation d'Hérodote (1), qui paroît la plus exacte, il faut placer en ces temps, 514 ans devant Rome, et du temps de Débora, Ninus, fils de Bel, et la fondation du premier empire des Assyriens. Le siége en fut établi à Ninive, ville ancienne et déjà célèbre (2), mais ornée et illustrée par

---

(1) *Herod. lib.* 1, c. 95. — (2) *Gen.* x. 11.

Ninus. Ceux qui donnent 1300 ans aux premiers Assyriens ont leur fondement dans l'antiquité de la ville; et Hérodote, qui ne leur en donne que 520, ne parle que de la durée de l'empire qu'ils ont commencé sous Ninus, fils de Bel, à étendre dans la haute Asie. Un peu après, et durant le règne de ce conquérant, on doit mettre la fondation, ou le renouvellement de l'ancienne ville de Tyr, que la navigation et ses colonies rendent si célèbre (1). Dans la suite, et quelque temps après Abimelech, on trouve les fameux combats d'Hercule, fils d'Amphitryon, et ceux de Thésée, roi d'Athènes, qui ne fit qu'une seule ville des douze bourgs de Cécrops, et donna une meilleure forme au gouvernement des Athéniens. Durant le temps de Jephté, pendant que Sémiramis veuve de Ninus, et tutrice de Ninias, augmentoit l'empire des Assyriens par ses conquêtes, la célèbre ville de Troie, déjà prise une fois par les Grecs sous Laomédon, son troisième roi, fut réduite en

―――――――――――――――

(1) *Josue.* XIX. 29. *Joseph.* Antiq. *lib.* VIII, cap. II.

cendre, encore par les Grecs, sous Priam, fils de Laomédon, après un siége de dix ans.

	Ans du monde.	Ans dev. J. C.
	2820	1184

CINQUIÈME ÉPOQUE.

La prise de Troie.

Cinquième âge du monde.

CETTE époque de la ruine de Troie, arrivée environ l'an 308 après la sortie d'Égypte, et 1164 ans après le déluge, est considérable, tant à cause de l'importance d'un si grand événement célébré par les deux plus grands poètes de la Grèce et de l'Italie, qu'à cause qu'on peut rapporter à cette date ce qu'il y a de plus remarquable dans les temps appelés fabuleux ou héroïques; fabuleux, à cause des fables dont les histoires de ces temps sont enveloppées; héroïques, à cause de ceux que les poètes ont appelés les Enfans des dieux, et les Héros. Leur vie n'est pas éloignée de cette prise. Car du temps de Laomédon, père de Priam, paroissent tous les héros de la toison d'or, Jason, Hercule, Orphée, Castor et Pollux, et les autres qui sont connus; et du temps de Priam même,

2820 1184

durant le dernier siége de Troie, on voit les Achille, les Agamemnon, les Ménélas, les Ulysse, Hector, Sarpédon, fils de Jupiter, Énée, fils de Vénus, que les Romains reconnoissent pour leur fondateur, et tant d'autres, dont des familles illustres et des nations entières ont fait gloire de descendre. Cette époque est donc propre pour rassembler ce que les temps fabuleux ont de plus certain et de plus beau. Mais ce qu'on voit dans l'histoire sainte est en toutes façons plus remarquable : la force prodigieuse d'un Samson, et sa foiblesse étonnante; Héli, souverain pontife, vénérable par sa piété, et malheureux par le crime de ses enfans ; Samuel, juge irréprochable, et prophète choisi de Dieu pour sacrer les rois ; Saül, premier roi du peuple de Dieu, ses victoires, sa présomption à sacrifier sans les prêtres, sa désobéissance mal excusée par le prétexte de la religion, sa réprobation, sa chute funeste. En ce temps, Codrus, roi d'Athènes, se dévoua à la mort pour le salut de son peuple, et lui donna la victoire par sa mort. Ses enfans Médon et Nilée disputèrent entre eux le royaume. A cette occasion, les Athéniens abolirent la royauté, et déclarèrent Jupiter le seul roi du peuple d'Athènes. Ils créèrent des gouverneurs ou présidens perpétuels, mais sujets à rendre compte de leur administration. Ces magistrats furent appelés archontes. Médon, fils de Codrus, fut le premier qui exerça cette magistrature, et elle demeura long-temps dans sa famille. Les Athéniens répandirent leurs colonies dans cette partie de l'Asie-Mineure qui fut appelée Ionie. Les colonies Éoliennes se firent à peu près dans le même temps, et toute l'Asie-Mineure se remplit de villes grecques.

Après Saül, paroît un David, cet admirable berger, vainqueur du fier Goliath, et de tous les ennemis du peuple de Dieu; grand roi, grand conquérant, grand prophète, digne de chanter les merveilles de la toute-puissance divine; homme enfin selon le cœur de Dieu, comme il le nomme lui-même, et qui par sa pénitence a fait même tourner son crime à la gloire de son créateur. A ce pieux guerrier succéda son fils Salomon, sage, juste, pacifique, dont les mains pures de sang furent jugées dignes de bâtir le temple de Dieu.

2949 1055

2970 1034

2990 1014

2992 1012

SIXIÈME ÉPOQUE.

Salomon, ou le temple achevé.

Cinquième âge du monde.

Ce fut environ l'an 3,000 du monde, 488 depuis la sortie d'Egypte; et pour ajuster les temps de l'histoire sainte avec ceux de la profane, 180 ans après la prise de Troie, 250 devant la fondation de Rome, et 1,000 ans devant Jésus-Christ, que Salomon acheva ce merveilleux édifice. Il en célébra la dédicace avec une piété et une magnificence extraordinaire. Cette célèbre action est suivie des autres merveilles du règne de Salomon, qui finit par de honteuses foiblesses. Il s'abandonne à l'amour des femmes; son esprit baisse, son cœur s'affoiblit, et sa piété dégénère en idolâtrie. Dieu, justement irrité, l'épargne en mémoire de David, son serviteur; mais il ne voulut pas laisser son ingratitude entièrement impunie; il partagea son royaume après sa mort, et sous son fils Roboam. L'orgueil brutal de ce jeune prince lui fit perdre dix tribus, que Jéroboam sépara de leur Dieu et de leur roi. De peur qu'ils ne retournassent au roi de Juda, il défendit d'aller sacrifier au temple de Jérusalem, et il érigea ses veaux d'or, auxquels il donna le nom du dieu d'Israël, afin que le changement parût moins étrange. La même raison lui fit retenir la loi de Moïse, qu'il interprétoit à sa mode; mais il en faisoit observer presque toute la police, tant civile que religieuse (1); de sorte que le Pentateuque demeura toujours en vénération dans les tribus séparées.

Ainsi fut élevé le royaume d'Israël contre le royaume de Juda. Dans celui d'Israël triomphèrent l'impiété et l'idolâtrie. La religion, souvent obscurcie dans celui de Juda, ne laissa pas de s'y conserver. En ces temps, les rois d'Egypte étoient puissans. Les quatre royaumes avoient été réunis sous celui de Thèbes. On croit que Sésostris, ce fameux conquérant des Egyptiens, est le Sésac, roi d'Egypte, dont Dieu se servit pour châtier l'impiété de Roboam. Dans le règne d'Abiam, fils de Roboam, on voit la fameuse victoire que la piété

3033   971

_____

(1) *III. Reg.* XII. 32.

Ans du monde.	Ans dev. J.C.	
3087	917	de ce prince lui obtint sur les tribus schismatiques. Son fils Asa, dont la piété est louée dans l'Ecriture, y est marqué comme un homme qui songeoit plus, dans ses maladies, au secours de la médecine, qu'à la bonté de Dieu. De son temps, Amri, roi d'Israël, bâtit
3080	924	Samarie, où il établit le siége de son royaume. Ce temps est suivi du règne
3090	914	admirable de Josaphat, où fleurissent la piété, la justice, la navigation et l'art militaire. Pendant qu'il faisoit voir au royaume de Juda un autre David, Achab et sa femme Jézabel, qui régnoient en Israël, joignoient à l'idolâtrie de Jéroboam, toutes les impiétés
3105	899	des Gentils. Ils périrent tous deux misérablement. Dieu, qui avoit supporté leurs idolâtries, résolut de venger sur eux le sang de Naboth qu'ils avoient fait mourir, parce qu'il avoit refusé, comme l'ordonnoit la loi de Moïse, de leur vendre à perpétuité l'héritage de ses pères. Leur sentence leur fut prononcée par la bouche du prophète Élie.
3107	897	Achab fut tué quelque temps après, malgré les précautions qu'il prenoit pour se sauver. Il faut placer vers ce temps
3112	892	fa fondation de Carthage, que Didon,

venue de Tyr, bâtit en un lieu, où, à l'exemple de Tyr, elle pouvoit trafiquer avec avantage, et aspirer à l'empire de la mer. Il est malaisé de marquer le temps où elle se forma en république; mais le mélange des Tyriens et des Africains fit qu'elle fut tout ensemble guerrière et marchande. Les anciens historiens, qui mettent son origine devant la ruine de Troie, peuvent faire conjecturer que Didon l'avoit plutôt augmentée et fortifiée, qu'elle n'en avoit posé les fondemens. Les affaires changèrent de face dans le royaume de Juda. Athalie, fille d'Achab et de Jézabel, porta avec elle l'impiété dans la maison de Josaphat. 3116 — 888
Joram, fils d'un prince si pieux, aima mieux imiter son beau-père que son père. La main de Dieu fut sur lui. Son règne fut court, et sa fin fut affreuse. Au 3119 — 885
milieu de ses châtimens, Dieu faisoit des prodiges inouis, même en faveur des Israëlites, qu'il vouloit rappeler à la pénitence. Ils virent, sans se convertir, les merveilles d'Elie et d'Elisée, qui prophétisèrent durant les règnes d'Achab et de cinq de ses successeurs. En ce temps, Homère fleurit (1), et

---

(1) *Marm. Arund.*

Hésiode florissoit trente ans avant lui. Les mœurs antiques qu'ils nous représentent, et les vestiges qu'ils gardent encore, avec beaucoup de grandeur, de l'ancienne simplicité, ne servent pas peu à nous faire entendre les antiquités beaucoup plus reculées, et la divine simplicité de l'Ecriture. Il y eut des spectacles effroyables dans les royaumes de Juda et d'Israël. Jézabel fut précipitée du haut d'une tour par ordre de Jéhu. Il ne lui servit de rien de s'être parée : Jéhu la fit fouler aux pieds des chevaux. Il fit tuer Joram, roi d'Israël, fils d'Achab : toute la maison d'Achab fut exterminée, et peu s'en fallut qu'elle n'entraînât celle des rois de Juda dans sa ruine. Le roi Ochozias, fils de Joram roi de Juda, et d'Athalie, fut tué dans Samarie avec ses frères, comme allié et ami des enfans d'Achab. Aussitôt que cette nouvelle fut portée à Jérusalem, Athalie résolut de faire mourir tout ce qui restoit de la famille royale, sans épargner ses enfans, et de régner par la perte de tous les siens. Le seul Joas, fils d'Ochozias, enfant encore au berceau, fut dérobé à la fureur de son aïeule. Jézabeth, sœur d'Ochozias, et femme de Joïada, souverain pontife, le cacha dans la maison de Dieu, et sauva ce précieux reste de la maison de David. Athalie, qui le crut tué avec tous les autres, vivoit sans crainte. Lycurgue donnoit des lois à Lacédémone. Il est repris de les avoir faites toutes pour la guerre, à l'exemple de Minos, dont il avoit suivi les institutions (1), et d'avoir peu pourvu à la modestie des femmes ; pendant que, pour faire des soldats, il obligeoit les hommes à une vie si laborieuse et si tempérante. Rien ne remuoit en Judée contre Athalie : elle se croyoit affermie par un règne de six ans. Mais Dieu lui nourrissoit un vengeur dans l'asile sacré de son temple. Quand il eut atteint l'âge de sept ans, Joïda le fit connoître à quelques-uns des principaux chefs de l'armée royale, qu'il avoit soigneusement ménagés ; et, assisté des lévites, il sacra le jeune roi dans le temple. Tout le peuple reconnut sans peine l'héritier de David et de Josaphat. Athalie, accourue

3126 878

_____

(1) *Plat. de Rep. lib.* viii : *de Leg. lib.* 1. *Arist. Polit. lib.* ii, c. 9.

au bruit pour dissiper la conjuration, fut arrachée de l'enclos du temple, et reçut le traitement que ses crimes méritoient. Tant que Joïada vécut, Joas fit garder la loi de Moïse. Après la mort de ce saint pontife, corrompu par les flatteries de ses courtisans, il s'abandonna avec eux à l'idolâtrie. Le pontife Zacharie, fils de Joïada, voulut les reprendre; et Joas, sans se souvenir de ce qu'il devoit à son père, le fit lapider. La vengeance suivit de près. L'année suivante, Joas, battu par les Syriens, et tombé dans le mépris, fut assassiné par les siens; et Amasias son fils, meilleur que lui, fut mis sur le trône. Le royaume d'Israël, abattu par les victoires des rois de Syrie, et par les guerres civiles, reprenoit ses forces sous Jéroboam II, plus pieux que ses prédécesseurs. Ozias, autrement nommé Azarias, fils d'Amazias, ne gouvernoit pas avec moins de gloire le royaume de Juda. C'est ce fameux Ozias, frappé de la lèpre, et tant de fois repris dans l'Ecriture, pour avoir en ses derniers jours osé entreprendre sur l'office sacerdotal, et contre la défense de la loi, avoir lui-même offert de l'encens sur l'autel des parfums. Il fallut le séquestrer, tout roi qu'il étoit, selon la loi de Moïse ; et Joatham son fils, qui fut depuis son successeur, gouverna sagement le royaume. Sous le règne d'Ozias, les saints prophètes, dont les principaux en ce temps furent Osée et Isaïe, commencèrent à publier leurs prophéties par écrit (1), et dans des livres particuliers, dont ils déposoient les originaux dans le temple, pour servir de monument à la postérité. Les prophéties de moindre étendue, et faites seulement de vive voix, s'enregistroient selon la coutume dans les archives du temple avec l'histoire du temps. Les jeux Olympiques, institués par Hercule, et long-temps discontinués, furent rétablis. De ce rétablissement, sont venues les Olympiades, par où les Grecs comptoient les années. A ce terme finissent les temps que Varron nomme fabuleux, parce que jusqu'à cette date les histoires profanes sont pleines de confusion et de fables ; et commencent les temps historiques, où les affaires du monde sont racontées par des relations plus fidèles et plus pré-

_____

(1) *Osée.* 1, 1. *Is.* 1, 1.

cises. La première Olympiade est marquée par la victoire de Corèbe. Elles se renouveloient tous les cinq ans, et après quatre ans révolus. Là, dans l'assemblée de toute la Grèce, à Pise premièrement, et dans la suite à Elide, se célébroient ces fameux combats, où les vainqueurs étoient couronnés avec des applaudissemens incroyables. Ainsi les exercices étoient en honneur, et la Grèce devenoit tous les jours plus forte et plus polie. L'Italie étoit encore presque toute sauvage. Les rois latins de la postérité d'Enée régnoient à Albe. Phul étoit roi d'Assyrie. On le croit père de Sardanaple, appelé, selon la coutume des Orientaux, Sardan-Pul, c'est-à-dire, Sardan fils de Phul. On croit aussi que ce Phul, ou Pul, a été le roi de Ninive, qui fit pénitence avec tout son peuple, à la prédication de Jonas. Ce prince, attiré par les brouilleries du royaume d'Israël, venoit l'envahir ; mais, apaisé par Manahem, il l'affermit dans le trône qu'il venoit d'usurper par violence, et reçut en reconnoissance un tribut de mille talens. Sous son fils Sardanapale, et après Alcmæon, dernier archonte perpétuel des Athéniens, ce peuple, que son humeur conduisoit insensiblement à l'état populaire, diminua le pouvoir de ses magistrats, et réduisit à dix ans l'administration des archontes. Le premier de cette sorte fut Charops. Romulus et Rémus, sortis des anciens rois d'Albe par leur mère Ilia, rétablirent dans le royaume d'Albe leur grand-père Numitor, que son frère Amulius en avoit dépossédé ; et incontinent après ils fondèrent Rome, pendant que Joatham régnoit en Judée.

SEPTIÈME ÉPOQUE.

Romulus, ou Rome fondée.

Cette ville, qui devoit être la maîtresse de l'univers, et dans la suite le siége principal de la religion, fut fondée sur la fin de la troisième année de la sixième olympiade, 430 ans environ après la prise de Troie, de laquelle les Romains croyoient que leurs ancêtres étoient sortis, et 753 ans devant Jésus-Christ. Romulus, nourri durement avec les bergers, et toujours dans les exercices de la guerre, consacra cette ville au Dieu de la guerre, qu'on croyoit son

3250　754

père. Vers les temps de la naissance de Rome, arriva, par la mollesse de Sardanaple, la chute du premier empire des Assyriens. Les Mèdes, peuple belliqueux, animés par les discours d'Arbace leur gouverneur, donnèrent à tous les sujets de ce prince efféminé l'exemple de le mépriser. Tout se révolta contre lui, et il périt enfin dans sa ville capitale, où il se vit contraint à se brûler lui-même avec ses femmes, ses ennuques, et ses richesses. Des ruines de cet empire on voit sortir trois grands royaumes. Arbace ou Orbace, que quelques-uns appellent Pharnace, affranchit les Mèdes, qui après une assez longue anarchie eurent des rois très-puissans. Outre cela, incontinent après Sardanaple, on voit paroître un second royaume des Assyriens, dont Ninive demeura la capitale, et un royaume de Babylone. Ces deux derniers royaumes ne sont pas inconnus aux auteurs profanes, et sont célèbres dans l'histoire sainte. Le second royaume de Ninive est fondé par Thilgath ou Theglath fils de Phalasar, appelé pour cette raison Theglatphalasar, à qui on donne aussi le nom de Ninus le jeune. Baladan, que les Grecs nomment Bélésis, établit le royaume de Babylone, où il est connu sous le nom de Nabonassar. De là l'ère de Nabonassar, célèbre chez Ptolomée et les anciens astronomes, qui comptoient leurs années par le règne de ce prince. Il est bon d'avertir ici que ce mot d'ère signifie un dénombrement d'années commencé à un certain point que quelque grand événement fait remarquer. Achaz, roi de Juda, impie et méchant, pressé par Razin, roi de Syrie, et par Phacée, fils de Bomélias, roi d'Israël, au lieu de recourir à Dieu, qui lui suscitoit ces ennemis pour le punir, appela Theglatphalasar, premier roi d'Assyrie ou de Ninive, qui réduisit à l'extrémité le royaume d'Israël, et détruisit tout-à-fait celui de Syrie : mais en même temps il ravagea celui de Juda, qui avoit imploré son assistance. Ainsi les rois d'Assyrie apprirent le chemin de la Terre-Sainte, et en résolurent la conquête. Ils commencèrent par le royaume d'Israël, que Salmanasar, fils et successeur de Theglathphalasar, détruisit entièrement. Osée, roi d'Israël, s'étoit fié au secours de Sabacon, autrement nommé Sua ou Soüs, roi d'Éthiopie, qui avoit envahi

14 740

33 722

l'Égypte. Mais ce puissant conquérant ne put le tirer des mains de Salmanasar. Les dix tribus, où le culte de Dieu s'étoit éteint, furent transportées à Ninive; et dispersées parmi les Gentils, s'y perdirent tellement, qu'on ne peut plus en découvrir aucune trace. Il en resta quelques-uns, qui furent mêlés parmi les Juifs, et firent une petite partie du royaume de Juda. En ce temps arriva la mort de Romulus. Il fut toujours en guerre, et toujours victorieux; mais, au milieu des guerres, il jeta les fondemens de la religion et des lois. Une longue paix donna moyen à Numa son successeur d'achever l'ouvrage. Il forma la religion, et adoucit les mœurs farouches du peuple romain. De son temps, les colonies venues de Corinthe, et de quelques autres villes de Grèce, fondèrent Syracuse en Cicile, Crotone, Tarente, et peut-être quelques autres villes dans cette partie de l'Italie, à qui de plus anciennes colonies grecques répandues dans tout le pays avoient déjà donné le nom de Grande-Grèce. Cependant, Ézéchias, le plus pieux et le plus juste de tous les rois après David, régnoit en Judée. Sennachérib, fils et successeur de Salmanasar, l'assiégea dans Jérusalem avec une armée immense : elle périt en une nuit par la main d'un ange. Ézéchias, délivré d'une manière si admirable, servit Dieu, avec tout son peuple, plus fidèlement que jamais. Mais après la mort de ce prince, et sous son fils Manassès, le peuple ingrat oublia Dieu, et les désordres se multiplièrent. L'état populaire se formoit alors parmi les Athéniens, et ils commencèrent à choisir les Archontes annuels, dont le premier fut Créon. Pendant que l'impiété s'augmentoit dans le royaume de Juda, la puissance des rois d'Assyrie, qui devoient en être les vengeurs, s'accrut sous Asaraddon, fils de Sennachérib. Il réunit le royaume de Babylone à celui de Ninive, et égala dans la grande Asie la puissance des premiers Assyriens. Les Mèdes commençoient aussi à se rendre considérables. Déjocès leur premier roi, que quelques-uns prennent pour l'Arphaxad nommé dans le livre de Judith, fonda la superbe ville d'Ecbatanes, et jeta les fondemens d'un grand empire. Ils l'avoient mis sur le trône pour couronner ses vertus, et mettre fin aux désordres

Ans de Rome	Ans dev. J. C.
56	698
67	687
73	681

que l'anarchie causoit parmi eux (1). Conduits par un si grand roi, ils se soutenoient contre leurs voisins, mais ils ne s'étendoient pas. Rome s'accroissoit, mais foiblement. Sous Tullus Hostilius son troisième roi, et par le fameux combat des Horaces et des Curiaces, Albe fut vaincue et ruinée: ses citoyens, incorporés à la ville victorieuse, l'agrandirent et la fortifièrent. Romulus avoit pratiqué le premier ce moyen d'augmenter la ville, où il reçut les Sabins et les autres peuples vaincus. Ils oublioient leur défaite, et devenoient des sujets affectionnés. Rome en étendant ses conquêtes régloit sa milice; et ce fut sous Tullus Hostilius qu'elle commença à apprendre cette belle discipline, qui la rendit dans la suite maîtresse de l'univers. Le royaume d'Egypte, affoibli par ses longues divisions, se rétablissoit sous Psammitique. Ce prince, qui devoit son salut aux Ioniens et aux Cariens, les établit dans l'Egypte, fermée jusqu'alors aux étrangers. A cette occasion, les Egyptiens

---

(1) *Herod. lib.* 1, *c.* 96.

entrèrent en commerce avec les Grecs ; et depuis ce temps aussi l'histoire d'Egypte, jusque-là mêlée de fables pompeuses par l'artifice des prêtres, commence, selon Hérodote (1), à avoir de la certitude. Cependant les rois d'Assyrie devenoient de plus en plus redoutables à tout l'Orient. Saosduchin, fils d'Asaraddon, qu'on croit être le Nabuchodonosor du livre de Judith, défit en bataille rangée Arphaxad, roi des Mèdes, quel qu'il soit. Si ce n'est pas Déjocès lui-même, premier fondateur d'Ecbatanes, ce peut être Phraorte ou Aphraarte, son fils, qui en éleva les murailles. Enflé de sa victoire, le superbe roi d'Assyrie entreprit de conquérir toute la terre. Dans ce dessein il passa l'Euphrate, et ravagea tout jusqu'en Judée. Les Juifs avoient irrité Dieu, et s'étoient abandonnés à l'idolâtrie à l'exemple de Manassès ; mais ils avoient fait pénitence avec ce prince : Dieu les prit aussi en sa protection. Les conquêtes de Nabuchodonosor et d'Holopherne son général, furent tout à coup arrêtées par

Ans de Rome.	An dev. J.C.
97	657
98	656

―――――――――――

(1) *Herod. lib.* ii, c. 154.

la main d'une femme. Déjocès, quoique battu par les Assyriens, laissa son royaume en état de s'accroître sous ses successeurs. Pendant que Phraorte son fils, et Cyaxare, fils de Phraorte, subjuguoient la Perse, et poussoient leurs conquêtes dans l'Asie Mineure jusques aux bords de l'Halys, la Judée vit passer le règne détestable d'Amon, fils de Manassès; et Josias, fils d'Amon, sage dès l'enfance, travailloit à réparer les désordres causés par l'impiété des rois ses prédécesseurs. Rome, qui avoit pour roi Ancus Martius, domptoit quelques Latins sous sa conduite, et continuant à se faire des citoyens de ses ennemis, elle les renfermoit dans ses murailles. Ceux de Veies, déjà affoiblis par Romulus, firent de nouvelles pertes. Ancus poussa ses conquêtes jusqu'à la mer voisine, et bâtit la ville d'Ostie à l'embouchure du Tibre. En ce temps, le royaume de Babylone fut envahi par Nabopolassar. Ce traître, que Chinaladan, autrement Sarac, avoit fait général de ses armées contre Cyaxare, roi des Mèdes, se joignit avec Astyage, fils de Cyaxare, prit Chinaladan dans Ninive, détruisit cette grande ville si long-temps maîtresse de l'Orient, et se mit sur le trône de son maître. Sous un prince si ambitieux, Babylone s'enorgueillit. La Judée, dont l'impiété croissoit sans mesure, avoit tout à craindre. Le saint roi Josias suspendit pour un peu de temps, par son humilité profonde, le châtiment que son peuple avoit mérité ; mais le mal s'augmenta sous ses enfans. Nabuchodonosor II, plus terrible que son père Nabopolassar, lui succéda. Ce prince, nourri dans l'orgueil, et toujours exercé à la guerre, fit des conquêtes prodigieuses en Orient et en Occident ; et Babylone menaçoit toute la terre de la mettre en servitude. Ses menaces eurent bientôt leur effet à l'égard du peuple de Dieu. Jérusalem fut abandonnée à ce superbe vainqueur, qui la prit par trois fois : la première, au commencement de son règne, et à la quatrième année du règne de Joakim, d'où commencent les soixante-dix ans de la captivité de Babylone, marqués par le prophète Jérémie (1) ; la seconde, sous Jéchonias, ou Joachin, fils de Joakim ; et

Ans de Rome. 130, 144, 147, 155

Ans dev. J.C. 624, 610, 607, 599

---

(1) *Jerem.* xxv, 11, 12. xxix. 10.

Ans de Rome.	Ans dev. J.C.	
156	598	la dernière, sous Sédécias, où la ville fut renversée de fond en comble, le temple réduit en cendre, et le roi mené captif à Babylone, avec Saraïa, souverain pontife, et la meilleure partie du peuple. Les plus illustres de ces captifs furent les prophètes Ezéchiel et Daniel. On compte aussi parmi eux les trois jeunes hommes que Nabuchodonosor ne put forcer à adorer sa statue, ni les consumer par les flammes. La Grèce étoit florissante, et ses sept Sages se rendoient illustres. Quelque temps devant la dernière désolation de Jérusalem, Solon,
160	594	l'un de ces sept Sages, donnoit des lois aux Athéniens, et établissoit la liberté
176	578	sur la justice : les Phocéens d'Ionie menoient à Marseille leur première colonie. Tarquin l'Ancien, roi de Rome, après avoir subjugué une partie de la Toscane, et orné la ville de Rome par des ouvrages magnifiques, acheva son règne. De son temps, les Gaulois, conduits par Bellovèse, occupèrent dans
188	566	l'Italie tous les environs du Pô, pendant que Segovèse son frère mena bien avant dans la Germanie un autre essaim de la nation. Servius Tullius, successeur de Tarquin, établit le cens, ou le dénom-

brement des citoyens distribués en certaines classes, par où cette grande ville se trouva réglée comme une famille particulière. Nabuchodonosor embellissoit Babylone, qui s'étoit enrichie des dépouilles de Jérusalem et de l'Orient. Elle n'en jouit pas long-temps. Ce roi, qui l'avoit ornée avec tant de magnificence, vit en mourant la perte prochaine de cette superbe ville (1). Son fils Evilmerodac, que ses débauches rendoient odieux, ne dura guère, et fut tué par Nériglissor, son beau-frère, qui usurpa le royaume. Pisistrate usurpa aussi dans Athènes l'autorité souveraine, qu'il sut conserver trente ans durant, parmi beaucoup de vicissitudes, et qu'il laissa même à ses enfans. Nériglissor ne put souffrir la puissance des Mèdes, qui s'agrandissoient en Orient, et leur déclara la guerre. Pendant qu'Astyage, fils de Cyaxare I, se préparoit à la résistance, il mourut, et laissa cette guerre à soutenir à Cyaxare II, son fils, appelé par Daniel Darius le Mède. Celui-ci nomma

___

(1) *Abyd. apud Euseb.* Præp. Ev. *lib.* IX, *cap.* 41.

pour général de son armée Cyrus, fils de Mandane sa sœur, et de Cambyse, roi de Perse, sujet à l'empire des Mèdes. La réputation de Cyrus, qui s'étoit signalé en diverses guerres sous Astyage son grand-père, réunit la plupart des rois d'Orient sous les étendards de Cyaxare. Il prît, dans sa ville capitale, Crésus, roi de Lydie, et jouit de ses richesses immenses : il dompta les autres alliés des rois de Babylone, et étendit sa domination non-seulement sur la Syrie, mais encore bien avant dans l'Asie mineure. Enfin il marcha contre Babylone : il la prit, et la soumit à Cyaxare son oncle, qui, n'étant pas moins touché de sa fidélité que de ses exploits, lui donna sa fille unique et son héritière en mariage. Dans le règne de Cyaxare, Daniel, déjà honoré, sous les règnes précédens, de plusieurs célestes visions où il vit passer devant lui en figures si manifestes tant de rois et tant d'empires, apprit, par une nouvelle révélation, ces septante fameuses semaines, où les temps du Christ et la destinée du peuple juif sont expliqués. C'étoit des semaines d'années, si bien qu'elles contenoient quatre cent quatre-vingt-dix ans ; et cette manière de compter étoit ordinaire aux Juifs, qui observoient la septième année aussi bien que le septième jour avec un repos religieux. Quelque temps après cette vision, Cyaxare mourut, aussi bien que Cambyse, père de Cyrus; et ce grand homme, qui leur succéda, joignit le royaume de Perse, obscur jusqu'alors, au royaume des Mèdes, si fort augmenté par ses conquêtes. Ainsi il fut maître paisible de tout l'Orient, et fonda le plus grand empire qui eût été dans le monde. Mais ce qu'il faut le plus remarquer, pour la suite de nos époques, c'est que ce grand conquérant, dès la première année de son règne, donna son décret pour rétablir le temple de Dieu en Jérusalem, et les Juifs dans la Judée.

Il faut un peu s'arrêter en cet endroit, qui est le plus embrouillé de toute la chronologie ancienne, par la difficulté de concilier l'histoire profane avec l'histoire sainte. Vous aurez sans doute, Monseigneur, déjà remarqué que ce que je raconte de Cyrus est fort différent de ce que vous en avez lu dans Justin; qu'il ne parle point du second royaume des Assyriens, ni de ces fameux rois

218   536

d'Assyrie et de Babylone, si célèbres dans l'histoire sainte; et qu'enfin mon récit ne s'accorde guère avec ce que nous raconte cet auteur des trois premières monarchies, de celle des Assyriens finie en la personne de Sardanapale, de celle des Mèdes finie en la personne d'Astyage, grand-père de Cyrus, et de celle des Perses commencée par Cyrus et détruite par Alexandre.

Vous pouvez joindre à Justin, Diodore avec la plupart des auteurs grecs et latins, dont les écrits nous sont restés, qui racontent ces histoires d'une autre manière que celle que j'aie suivie, comme plus conforme à l'Ecriture.

Mais ceux qui s'étonnent de trouver l'histoire profane en quelques endroits peu conforme à l'histoire sainte, devoient remarquer en même temps, qu'elle s'accorde encore moins avec elle-même. Les Grecs nous ont raconté les actions de Cyrus en plusieurs manières différentes : Hérodote en remarque trois, outre celle qu'il a suivie (1), et il ne dit pas qu'elle soit écrite par des

---

(1) *Herod. lib.* 1, *c.* 95.

auteurs plus anciens ni plus recevables que les autres. Il remarque encore lui-même (1) que la mort de Cyrus est racontée diversement, et qu'il a choisi la manière qui lui a paru la plus vraisemblable, sans l'autoriser davantage. Xénophon, qui a été en Perse au service du jeune Cyrus, frère d'Artaxercès nommé Mnémon, a pu s'instruire de plus près de la vie et de la mort de l'ancien Cyrus, dans les annales des Perses et dans la tradition de ce pays; et pour peu qu'on soit instruit de l'antiquité, on n'hésitera pas à préférer, avec saint Jérôme (2), Xénophon, un si sage philosophe, aussi bien qu'un si habile capitaine, à Ctésias, auteur fabuleux que la plupart des Grecs ont copié, comme Justin et les Latins ont fait les Grecs; et plutôt même qu'Hérodote, quoiqu'il soit très-judicieux. Ce qui me détermine à ce choix, c'est que l'histoire de Xénophon, plus suivie et plus vraisemblable en elle-même, a encore cet avantage qu'elle est plus conforme à l'Ecriture,

---

(1) *Ibid. c.* 214. — (2) *Hier.* in Dan. *cap.* v: *tom.* III, *col.* 1091.

qui par son antiquité, et par le rapport des affaires du peuple Juif avec celles de l'Orient, mériteroit d'être préférée à toutes les histoires grecques, quand d'ailleurs on ne sauroit pas qu'elle a été dictée par le Saint-Esprit.

Quant aux trois premières monarchies, ce qu'en ont écrit la plupart des Grecs a paru douteux aux plus sages de la Grèce. Platon fait voir en général, sous le nom des prêtres d'Egypte, que les Grecs ignoroient profondément les antiquités (1) ; et Aristote a rangé parmi les conteurs de fables (2), ceux qui ont écrit les Assyriaques.

C'est que les Grecs ont écrit tard ; et que voulant divertir par les histoires anciennes la Grèce toujours curieuse, ils les ont composées sur des mémoires confus, qu'ils se sont contentés de mettre dans un ordre agréable, sans se trop soucier de la vérité.

Et certainement la manière dont on arrange ordinairement les trois premières monarchies est visiblement fabu-

---

(1) *Plat. in* Tim. — (2) *Aristot.* Polit. *lib.* v, *cap.* 10.

leuse. Car, après qu'on a fait périr sous Sardanapale l'empire des Assyriens, on fait paroître sur le théâtre les Mèdes et puis les Perses; comme si les Mèdes avoient succédé à toute la puissance des Assyriens, et que les Perses se fussent établis en ruinant les Mèdes.

Mais, au contraire, il paroît certain que lorsqu'Arbace révolta les Mèdes contre Sardanapale, il ne fit que les affranchir sans leur soumettre l'empire d'Assyrie. Hérodote distingue le temps de leur affranchissement d'avec celui de leur premier roi Déjocès (1), et selon la supputation des plus habiles chronologistes, l'intervalle entre ces deux temps doit avoir été environ de quarante ans. Il est d'ailleurs constant, par le témoignage uniforme de ce grand historien et de Xénophon (2), pour ne point ici parler des autres, que durant les temps qu'on attribue à l'empire des Mèdes, il y avoit en Assyrie des rois très-puissans que tout l'Orient redoutoit, et dont Cyrus abattit l'empire par la prise de Babylone.

―――――――――

(1) *Herod. lib.* 1, c. 96. — (2) *Herod. lib.* 1. *Xenoph. Cyrop. lib* v, vi, *etc.*

Si donc la plupart des Grecs et des Latins, qui les ont suivis, ne parlent point de ces rois babyloniens; s'ils ne donnent aucun rang à ce grand royaume parmi les premières monarchies dont ils racontent la suite; enfin si nous ne voyons presque rien, dans leurs ouvrages, de ces fameux rois Teglathphalasar, Salmanasar, Sennachérib, Nabuchodonosor, et de tant d'autres si renommés dans l'Ecriture et dans les histoires orientales; il le faut attribuer, ou à l'ignorance des Grecs plus éloquens dans leurs narrations que curieux dans leurs recherches, ou à la perte que nous avons faite de ce qu'il y avoit de plus recherché et de plus exact dans leurs histoires.

En effet, Hérodote avoit promis une histoire particulière des Assyriens (1), que nous n'avons pas, soit qu'elle ait été perdue, ou qu'il n'ait pas eu le temps de la faire; et on peut croire d'un historien si judicieux, qu'il n'y auroit pas oublié les rois du second empire des Assyriens, puisque même Sennachérib,

---

(1) *Herod. lib.* 1, *c.* 106, 184.

qui en étoit l'un, se trouve encore nommé dans les livres que nous avons de ce grand auteur (1), comme roi des Assyriens et des Arabes.

Strabon, qui vivoit du temps d'Auguste, rapporte (2) ce que Mégasthène, auteur ancien et voisin des temps d'Alexandre, avoit laissé par écrit sur les fameuses conquêtes de Nabuchodonosor, roi des Chaldéens, à qui il fait traverser l'Europe, pénétrer l'Espagne, et porter ses armes jusqu'aux colonnes d'Hercule. Elien nomme Tilgamus roi d'Assyrie (3), c'est-à-dire sans difficulté le Tilgath ou le Teglath de l'histoire sainte; et nous avons dans Ptolomée un dénombrement des princes qui ont tenu les grands empires, parmi lesquels se voit une longue suite des rois d'Assyrie inconnus aux Grecs, et qu'il est aisé d'accorder avec l'histoire sacrée.

Si je voulois rapporter ce que nous racontent les annales des Syriens, un Bérose, un Abydénus, un Nicolas de Damas, je ferois un trop long discours.

---

(1) *Herod. lib.* II, c. 141. — (2) *Strab. lib.* XV, *init.* — (3) *Ælian. Hist. Anim. lib.* XII, c. 21.

Joseph et Eusèbe de Césarée nous ont conservé les précieux fragmens de tous ces auteurs (1), et d'une infinité d'autres qu'on avoit entiers de leurs temps, dont le témoignage confirme ce que nous dit l'Ecriture sainte touchant les antiquités orientales, et en particulier, touchant les histoires assyriennes.

Pour ce qui est de la monarchie des Mèdes, que la plupart des historiens profanes mettent la seconde dans le dénombrement des grands empires, comme séparée de celle des Perses, il est certain que l'Ecriture les unit toujours ensemble; et vous voyez, Monseigneur, qu'outre l'autorité des livres saints, le seul ordre des faits montre que c'est à cela qu'il s'en faut tenir.

Les Mèdes avant Cyrus, quoique puissans et considérables, étoient effacés par la grandeur des rois de Babylone. Mais Cyrus ayant conquis leur royaume par les forces réunies des Mèdes et des Perses, dont il est ensuite devenu le maître par une succession légitime, comme nous l'avons remarqué après

---

(1) *Joseph.* Ant. lib. ix, c. ult et lib. x, c. 11; lib. i. cont. Apion. *Euseb.* Præp. Evang. lib. ix.

Xénophon, il paroît que le grand empire dont il a été le fondateur a dû prendre son nom des deux nations : de sorte que celui des Mèdes et celui des Perses ne sont que la même chose, quoique la gloire de Cyrus y ait fait prévaloir le nom des Perses.

On peut encore penser qu'avant la guerre de Babylone, les rois des Mèdes ayant étendu leurs conquêtes du côté des colonies grecques de l'Asie-Mineure, ont été par ce moyen célèbres parmi les Grecs, qui leur ont attribué l'empire de la grande Asie, parce qu'ils ne connoissoient qu'eux de tous les rois d'Orient. Cependant les rois de Ninive et de Babylone, plus puissans, mais plus inconnus à la Grèce, ont été presque oubliés dans ce qui nous reste d'histoires grecques ; et tout le temps qui s'est écoulé depuis Sardanapale jusqu'à Cyrus, a été donné aux Mèdes seuls.

Ainsi, il ne faut plus tant se donner de peine à concilier en ce point l'histoire profane avec l'histoire sacrée. Car quant à ce qui regarde le premier royaume des Assyriens, l'Ecriture n'en dit qu'un mot en passant, et ne nomme ni Ninus, fondateur de cet empire, ni, à la réserve de Phul, aucun de ses successeurs, parce que leur histoire n'a rien de commun avec celle du peuple de Dieu. Pour les seconds Assyriens, la plupart des Grecs ou les ont entièrement ignorés, ou, pour ne les avoir pas assez connus, ils les ont confondus avec les premiers.

Quand donc on objectera ceux des auteurs grecs qui arrangent à leur fantaisie les trois premières monarchies, et qui font succéder les Mèdes à l'ancien empire d'Assyrie, sans parler du nouveau, que l'Ecriture fait voir si puissant, il n'y a qu'à répondre qu'ils n'ont point connu cette partie de l'histoire, et qu'ils ne sont pas moins contraires aux plus curieux et aux mieux instruits des auteurs de leur nation qu'à l'Ecriture.

Et, ce qui tranche en un mot toute la difficulté, les auteurs sacrés, plus voisins par les temps et par les lieux des royaumes d'Orient, écrivant d'ailleurs l'histoire d'un peuple dont les affaires sont si mêlées avec celles de ces grands empires, quand ils n'auroient que cet avantage, pourroient faire taire les Grecs et les Latins, qui les ont suivis.

Si toutefois on s'obstine à soutenir cet ordre célèbre des trois premières monarchies, et que pour garder aux Mèdes seuls le second rang qui leur est donné, on veuille leur assujettir les rois de Babylone, en avouant toutefois qu'après environ cent ans de sujétion, ceux-ci se sont affranchis par une révolte, on sauve en quelque façon la suite de l'histoire sainte, mais on ne s'accorde guère avec les meilleurs historiens profanes, auxquels l'histoire sainte est plus favorable en ce qu'elle unit toujours l'empire des Mèdes à celui des Perses.

Il reste encore à vous découvrir une des causes de l'obscurité de ces anciennes histoires. C'est que comme les rois d'Orient prenoient plusieurs noms, ou si vous voulez plusieurs titres, qui ensuite leur tenoient lieu de nom propre, et que les peuples les traduisoient ou les prononçoient différemment, selon les divers idiomes de chaque langue; des histoires si anciennes, dont il reste si peu de bons mémoires, ont dû être par là fort obscurcies. La confusion des noms en aura sans doute beaucoup mis dans les choses mêmes, et dans les personnes; et de là vient la peine qu'on a de situer dans l'histoire grecque, les rois qui ont u le nom d'Assuérus, autant inconnu aux Grecs que connu aux Orientaux.

Qui croiroit en effet que Cyaxare fût le même nom qu'Assuérus, composé du mot *Ky*, c'est-à-dire Seigneur, et du mot *Axare*, qui revient manifestement à Axuérus, ou Assuérus ? Trois ou quatre princes ont porté ce nom, quoiqu'ils en eussent encore d'autres. Ainsi il n'y a nul doute que Darius le Mède ne puisse avoir été un Assuérus ou Cyaxare : et tout cadre à lui donner un de ces deux noms. Si on n'étoit averti que Nabuchodonosor, Nabucodrosor, et Nabocolassar, ne sont que le même nom, ou que le nom du même homme, on auroit peine à le croire; et cependant la chose est certaine. C'est un nom tiré de Nabo, un des dieux que Babylone adoroit, et qu'on inséroit dans les noms des rois en différentes manières. Sargon est Sennachérib; Ozias est Azarias ; Sédécias est Mathanias ; Joachas s'appeloit aussi Sellum : on croit que Soüs ou Sua est le même que Sabacon, roi d'Ethiopie : Asaraddon, qu'on prononce indifféremment Esar-Haddon ou Asorhaddan, est nommé Asénaphar par les Cuthéens (1) : on croit

---

(1) *I. Esdr.* iv. 2, 10.

que Sardanapale est le même que quelques historiens ont nommé Sarac : et par une bizarrerie dont on ne sait point l'origine, ce même roi se trouve nommé par les Grecs Tonos-Concoléros. Nous avons déjà remarqué que Sardanapale étoit vraisemblablement Sardan, fils de Phul ou Pul. Mais qui sait si ce Pul ou Phul, dont il est parlé dans l'histoire sainte (1), n'est pas le même que Phalasar? Car une des manières de varier ces noms étoit de les abréger, de les alonger, de les terminer en diverses inflexions, selon le génie des langues. Ainsi Theglatphalasar, c'est-à-dire Theglat fils de Phalasar, pourroit être un des fils de Phul, qui, plus vigoureux que son frère Sardanapale, auroit conservé une partie de l'empire qu'on auroit ôté à sa maison. On pourroit faire une longue liste des Orientaux, dont chacun a eu, dans les histoires, plusieurs noms différens : mais il suffit d'être instruit en général de cette coutume. Elle n'est pas inconnue aux Latins, parmi lesquels les titres et les adoptions ont multiplié les noms en tant de sortes.

---

(1) *IV. Reg.* xv. 19. *I. Paralip.* v. 26.

Ainsi le titre d'Auguste et celui d'Africain sont devenus les noms propres de César Octavien et des Scipions : ainsi les Nérons ont été Césars. La chose n'est pas douteuse, et une plus longue discussion d'un fait si constant est inutile.

Pour ceux qui s'étonneront de ce nombre infini d'années que les Egyptiens se donnent eux-mêmes, je les renvoie à Hérodote, qui nous assure précisément, comme on vient de le voir, que leur histoire n'a de certitude que depuis le temps de Psammitique (1); c'est-à-dire six à sept cents ans avant Jésus-Christ. Que si l'on se trouve embarrassé de la durée que le commun donne au premier empire des Assyriens, il n'y a qu'à se souvenir qu'Hérodote l'a réduite à cinq cent vingt ans (2), et qu'il est suivi par Denys d'Halicarnasse, le plus docte des historiens, et par Appien. Et ceux qui après tout cela se trouvent trop resserrés dans la supputation ordinaire des années, pour y ranger à leur gré tous les événemens et toutes les dates qu'ils croiront certaines,

---

(1) *Herod. lib.* II, *c.* 154. — (2) *Lib.* I, *c.* 95.

peuvent se mettre au large tant qu'il leur plaira dans la supputation des Septante, que l'Eglise leur laisse libre ; pour y placer à leur aise tous les rois qu'on veut donner à Ninive, avec toutes les années qu'on attribue à leur règne ; toutes les dynasties des Egyptiens, en quelque sorte qu'ils les veulent arranger ; et encore toute l'histoire de la Chine, sans même attendre, s'ils veulent, qu'elle soit plus éclaircie.

Je ne prétends plus, Monseigneur, vous embarrasser, dans la suite, des difficultés de chronologie, qui vous sont très-peu nécessaires. Celle-ci étoit trop importante pour ne la pas éclaircir en cet endroit ; et après vous en avoir dit ce qui suffit à notre dessein, je reprends la suite de nos époques.

HUITIÈME ÉPOQUE.

Cyrus, ou les Juifs rétablis.

Sixième âge du monde.

Ce fut donc 218 ans après la fondation de Rome, 536 ans avant Jésus-Christ, après les soixante-dix ans de la captivité de Babylone, et la même

Ans de Rome. *Ans dev. J.C.*

année que Cyrus fonda l'empire des Perses, que ce prince, choisi de Dieu pour être le libérateur de son peuple, et le restaurateur de son temple, mit la main à ce grand ouvrage. Incontinent après la publication de son ordonnance, Zorobabel, accompagné de Jésus, fils de Josédec, souverain pontife, ramena les captifs, qui rebâtirent l'autel, et posèrent les fondemens du second temple. Les Samaritains, jaloux de leur gloire, voulurent prendre part à ce grand ouvrage; et sous prétexte qu'ils adoroient le Dieu d'Israël, quoiqu'ils en joignissent le culte à celui de leurs faux dieux, ils prièrent Zorobabel de leur permettre de rebâtir avec lui le temple de Dieu (1). Mais les enfans de Juda, qui détestoient leur culte mêlé, rejetèrent leur proposition. Les Samaritains irrité traversèrent leur dessein par toutes sortes d'artifices et de violences. Environ ce temps, Servius Tullius, après avoir agrandi la ville de Rome, conçut le dessein de la mettre en république. Il périt au milieu de ces pensées, par les conseils de sa fille, et

---

(1) *I. Esd.* iv. 2, 3.

par le commandement de Tarquin le Superbe, son gendre. Ce tyran envahit le royaume, où il exerça durant un long temps toutes sortes de violences. Cependant l'empire des Perses alloit croissant : outre ces provinces immenses de la grande Asie, tout ce vaste continent de l'Asie inférieure leur obéit; les Syriens et les Arabes furent assujettis; l'Egypte, si jalouse de ses lois, reçut les leurs. La conquête s'en fit par Cambyse, fils de Cyrus. Ce brutal ne survécut guère à Smerdis son frère, qu'un songe ambigu lui fit tuer en secret. Le mage Smerdis régna quelque temps sous le nom de Smerdis, frère de Cambyse : mais sa fourbe fut bientôt découverte. Les sept principaux seigneurs conjurèrent contre lui, et l'un d'eux fut mis sur le trône. Ce fut Darius, fils d'Hystaspe, qui s'appeloit dans ses inscriptions le meilleur et le mieux fait de tous les hommes (1). Plusieurs marques le font reconnoître pour l'Assuérus du livre d'Esther, quoiqu'on n'en convienne pas. Au commencement de son règne, le temple fut achevé, après di-

———————
(1) *Herod. lib.* IV, c. 91.

verses interruptions causées par les Samaritains (1). Une haine irréconciliable se mit entre les deux peuples, et il n'y eut rien de plus opposé que Jérusalem et Samarie. C'est du temps de Darius que commence la liberté de Rome et d'Athènes, et la grande gloire de la Grèce. Harmodius et Aristogiton, Athéniens, délivrent leur pays d'Hipparque, fils de Pisistrate, et sont tués par ses gardes. Hippias, frère d'Hipparque, tâche en vain de se soutenir. Il est chassé : la tyrannie des Pisistratides est entièrement éteinte. Les Athéniens affranchis dressent des statues à leurs libérateurs, et rétablissent l'état populaire. Hippias se jette entre les bras de Darius, qu'il trouva déjà disposé à entreprendre la conquête de la Grèce, et n'a plus d'espérance qu'en sa protection. Dans le temps qu'il fut chassé, Rome se défit aussi de ses tyrans. Tarquin-le-Superbe avoit rendu par ses violences la royauté odieuse : l'impudicité de Sexte son fils acheva de la détruire. Lucrèce déshonorée se tua elle-même : son sang et les harangues de

―――――――――――

(1) *I. Esdr.* v, vi.

Brutus animèrent les Romains. Les rois furent bannis, et l'empire consulaire fut établi suivant les projets de Servius Tullius : mais il fut bientôt affoibli par la jalousie du peuple. Dès le premier consulat, P. Valérius, consul, célèbre par ses victoires, devint suspect à ses citoyens, et il fallut, pour les contenter, établir la loi qui permit d'appeler au peuple du sénat et des consuls, dans toutes les causes où il s'agissoit de châtier un citoyen. Les Tarquins chassés trouvèrent des défenseurs : les rois voisins regardèrent leur bannissement comme une injure faite à tous les rois; et Porsenna, roi des Clusiens, peuples d'Etrurie, prit les armes contre Rome. Réduite à l'extrémité, et presque prise, elle fut sauvée par la valeur d'Horatius Coclès. Les Romains firent des prodiges pour leur liberté : Scévola, jeune citoyen, se brûla la main qui avoit manqué Porsenna; Clélie, une jeune fille, étonna ce prince par sa hardiesse; Porsenna laissa Rome en paix, et les Tarquins demeurèrent sans ressource. Hippias, pour qui Darius se déclara, avoit de meilleures espérances. Toute la Perse se remuoit en sa faveur,

247   507

254   500

et Athènes étoit menacée d'une grande guerre. Durant que Darius en faisoit les préparatifs, Rome, qui s'étoit si bien défendue contre les étrangers, pensa périr par elle-même : la jalousie s'étoit réveillée entre les patriciens et le peuple; la puissance consulaire, quoique déjà modérée par la loi de P. Valérius, parut encore excessive à ce peuple trop jaloux de sa liberté. Il se retira au mont Aventin : les conseils violens furent inutiles; le peuple ne put être ramené que par les paisibles remontrances de Ménénius Agrippa; mais il fallut trouver des tempéramens, et donner au peuple des tribuns pour le défendre contre les consuls. La loi qui établit cette nouvelle magistrature fut appelée la loi sacrée; et ce fut là que commencèrent les tribuns du peuple. Darius avoit enfin éclaté contre la Grèce. Son gendre Mardonius, après avoir traversé l'Asie, croyoit accabler les Grecs par le nombre de ses soldats : mais Miltiade défit cette armée immense, dans la plaine de Marathon, avec dix mille Athéniens. Rome battoit tous ses ennemis aux environs, et sembloit n'avoir à craindre que d'elle-même. Coriolan, zélé patricien, et le plus grand de

SUR L'HISTOIRE UNIVERSELLE. 73

| | Ans de Rome. | Ans dev. J.C. |

ses capitaines, chassé, malgré ses services, par la faction populaire, médita la ruine de sa patrie, mena les Volsques contre elle, la réduisit à l'extrémité, et ne put être apaisé que par sa mère. La Grèce ne jouit pas long-temps du repos que la bataille de Marathon lui avoit donné. Pour venger l'affront de la Perse et de Darius, Xerxès, son fils et son successeur, et petit-fils de Cyrus par sa mère Atosse, attaqua les Grecs avec onze cent mille combattans (d'autres disent dix-sept cent mille), sans compter son armée navale de douze cents vaisseaux. Léonidas, roi de Sparte, qui n'avoit que trois cents hommes, lui en tua vingt mille au passage des Thermopyles, et périt avec les siens. Par les conseils de Thémistocle, Athénien, l'armée navale de Xerxès est défaite la même année, près de Salamine. Ce prince repasse l'Hellespont avec frayeur; et un an après, son armée de terre, que Mardonius commandoit, est taillée en pièces auprès de Platée, par Pausanias, roi de Lacédémone, et par Aristide, Athénien, appelé le Juste. La bataille se donna le matin; et le soir de cette fameuse journée, les Grecs ioniens, qui avoient se-

265 — 489
266 — 488
274 — 480
275 — 479

coué le joug des Perses, leur tuèrent trente mille hommes dans la bataille de Mycale, sous la conduite de Léotychides. Ce général, pour encourager ses soldats, leur dit que Mardonius venoit d'être défait dans la Grèce. La nouvelle se trouva véritable, ou par un effet prodigieux de la renommée, ou plutôt par une heureuse rencontre ; et tous les Grecs de l'Asie-Mineure se mirent en liberté. Cette nation remportoit partout de grands avantages ; et un peu auparavant les Carthaginois, puissans alors, furent battus dans la Sicile, où ils vouloient étendre leur domination, à la sollicitation des Perses. Malgré ce mauvais succès, ils ne cessèrent depuis de faire de nouveaux desseins sur une île si commode à leur assurer l'empire de la mer, que leur république affectoit. La Grèce le tenoit alors ; mais elle ne regardoit que l'Orient et les Perses. Pausanias venoit d'affranchir l'île de Chypre de leur joug, quand il conçut le dessein d'asservir son pays. Tous ses projets furent vains, quoique Xerxès lui promît tout : le traître fut trahi par celui qu'il aimoit le plus, et son infâme amour lui coûta la vie. La même année Xerxès fut tué par Artaban, son capitaine des gardes (1), soit que ce perfide voulût occuper le trône de son maître, ou qu'il craignît les rigueurs d'un prince dont il n'avoit pas exécuté assez promptement les ordres cruels. Artaxerxe à la Longue-Main, son fils, commença son règne, et reçut peu de temps après une lettre de Thémistocle, qui, proscrit par ses citoyens, lui offroit ses services contre les Grecs. Il sut estimer, autant qu'il devoit, un capitaine si renommé, et lui fit un grand établissement, malgré la jalousie des satrapes. Ce roi magnanime protégea le peuple juif (2); et dans sa vingtième année, que ses suites rendent mémorable, il permit à Néhémias de rétablir Jérusalem avec ses murailles (3). Ce décret d'Artaxerxe diffère de celui de Cyrus, en ce que celui de Cyrus regardoit le temple, et celui-ci est fait pour la ville. A ce décret prévu par Daniel, et marqué dans sa prophétie (4), les quatre cent quatre-vingt-dix

281 — 473
287 — 467
300 — 454

---

(1) *Arist.* Polit. *lib.* v, cap. 10. — (2) *I. Esdr.* VII, VIII. — (3) *I. Esdr.* I. I. VI. 3. *II. Esdr.* II. 1, 2. — (4) *Dan.* IX. 25.

ans de ses semaines commencent. Cette importante date a de solides fondemens Le bannissement de Thémistocle est placé, dans la Chronique d'Eusèbe, à la dernière année de la 76ᵉ olympiade, qui revient à l'an 280 de Rome. Les autres chronologistes le mettent un peu au-dessous : la différence est petite, et les circonstances du temps assurent la date d'Eusèbe. Elles se tirent de Thucydide, historien très-exact ; et ce grave auteur, contemporain presque, aussi bien que concitoyen de Thémistocle, lui fait écrire sa lettre au commencement du règne d'Artaxerxe (1). Cornélius Nepos, auteur ancien et judicieux autant qu'élégant, ne veut pas qu'on doute de cette date après l'autorité de Thucydide (2) : raisonnement d'autant plus solide, qu'un autre auteur plus ancien encore que Thucydide s'accorde avec lui. C'est Charon de Lampsaque cité par Plutarque (3); et Plutarque ajoute lui-même que les Annales, c'est-à-dire celles de Perse, sont conformes à ces

---

(1) *Thucyd. lib.* 1. — (2) *Corn. Nep.* in Themist. c. 9. — (3) *Plutarq.* in Themist.

deux auteurs. Il ne les suit pourtant pas, mais il n'en dit aucune raison; et les historiens qui commencent huit ou neuf ans plus tard le règne d'Artaxerxe ne sont ni du temps, ni d'une si grande autorité. Il paroît donc indubitable qu'il en faut placer le commencement vers la fin de la 76ᵉ olympiade, et approchant de l'année 280 de Rome, par où la vingtième année de ce prince doit arriver vers la fin de la 81ᵉ olympiade, et environ l'an 300 de Rome. Au reste, ceux qui rejettent plus bas le commencement d'Artaxerxe, pour concilier les auteurs, sont réduits à conjecturer que son père l'avoit du moins associé au royaume quand Thémistocle écrivit sa lettre; et, en quelque façon que ce soit, notre date est assurée. Ce fondement étant posé, le reste du compte est aisé à faire, et la suite le rendra sensible. Après le décret d'Artaxerxe, les Juifs travaillèrent à rétablir leur ville et ses murailles, comme Daniel l'avoit prédit (1). Néhémias conduisit l'ouvrage avec beaucoup de prudence et de fermeté, au milieu de la ré-

---

(1) *Dan.* ix. 25.

sistance des Samaritains, des Arabes et des Ammonites. Le peuple fit un effort, et Eliasib, souverain pontife, l'anima par son exemple. Cependant les nouveaux magistrats qu'on avoit donnés au peuple romain augmentoient les divisions de la ville; et Rome, formée sous des rois, manquoit des lois nécessaires à la bonne constitution d'une république. La réputation de la Grèce, plus célèbre encore par son gouvernement que par ses victoires, excita les Romains à se régler sur son exemple. Ainsi ils envoyèrent des députés pour rechercher les lois des villes de Grèce, et surtout celles d'Athènes, plus conformes à l'état de leur république. Sur ce modèle, dix magistrats absolus, qu'on créa l'année d'après, sous le nom de décemvirs, rédigèrent les lois des douze Tables, qui sont le fondement du droit romain. Le peuple, ravi de l'équité avec laquelle ils les composèrent, leur laissa empiéter le pouvoir suprême, dont ils usèrent tyranniquement. Il se fit alors de grands mouvemens par l'intempérance d'Appius Clodius, un des décemvirs, et par le meurtre de Virginie, que son père aima mieux tuer de sa propre main que de la laisser abandonnée à la passion d'Appius. Le sang de cette seconde Lucrèce réveilla le peuple romain, et les décemvirs furent chassés. Pendant que les lois romaines se formoient sous les décemvirs, Esdras, docteur de la loi, et Néhémias, gouverneur du peuple de Dieu nouvellement rétabli dans la Judée, réformoient les abus, et faisoient observer la loi de Moïse, qu'ils observoient les premiers (1). Un des principaux articles de leur réformation fut d'obliger tout le peuple, et principalement les prêtres, à quitter les femmes étrangères qu'ils avoient épousées contre la défense de la loi. Esdras mit en ordre les livres saints, dont il fit une exacte révision, et ramassa les anciens mémoires du peuple de Dieu pour en composer les deux livres des Paralipomènes ou Chroniques, auxquelles il ajouta l'histoire de son temps, qui fut achevée par Néhémias. C'est par leurs livres que se termine cette longue histoire que Moïse avoit commencée, et que les auteurs

---

(1) *I. Esdr.* ix, x. *II. Esdr.* xiii. *Deut.* xxiii. 3.

suivans continuèrent sans interruption jusqu'au rétablissement de Jérusalem. Le reste de l'histoire sainte n'est pas écrit dans la même suite. Pendant qu'Esdras et Néhémias faisoient la dernière partie de ce grand ouvrage, Hérodote, que les auteurs profanes appellent le Père de l'histoire, commençoit à écrire. Ainsi les derniers auteurs de l'histoire sainte se rencontrent avec le premier auteur de l'histoire grecque ; et, quand elle commence, celle du peuple de Dieu, à la prendre seulement depuis Abraham, enfermoit déjà quinze siècles. Hérodote n'avoit garde de parler des Juifs dans l'histoire qu'il nous a laissée ; et les Grecs n'avoient besoin d'être informés que des peuples que la guerre, le commerce, ou un grand éclat leur faisoit connoître. La Judée, qui commençoit à peine à se relever de sa ruine, n'attiroit pas les regards. Ce fut dans des temps si malheureux que la langue hébraïque commença à se mêler de langage chaldaïque, qui étoit celui de Babylone durant le temps que le peuple y fut captif ; mais elle étoit encore entendue, du temps d'Esdras, de la plus grande partie du peuple, comme il paroît par la lec-

ture qu'il fit faire des livres de la loi
« hautement et intelligiblement en
» présence de tout le peuple, hom-
» mes et femmes en grand nombre,
» et de tous ceux qui pouvoient en-
» tendre, et tout le monde entendoit
» pendant la lecture (1). » Depuis ce
temps peu à peu elle cessa d'être vulgaire. Durant la captivité, et ensuite par le commerce qu'il fallut avoir avec les Chaldéens, les Juifs apprirent la langue chaldaïque, assez approchante de la leur, et qui avoit presque le même génie. Cette raison leur fit changer l'ancienne figure des lettres hébraïques, et ils écrivirent l'hébreu avec les lettres des Chaldéens, plus usitées parmi eux, et plus aisées à former. Ce changement fut aisé entre deux langues voisines dont les lettres étoient de même valeur, et ne différoient que dans la figure. Depuis ce temps on ne trouve l'Ecriture sainte parmi les Juifs qu'en caractères chaldaïques.

J'ai dit que l'Ecriture ne se trouve parmi les Juifs qu'en ces caractères.

―――――――

(1) *II. Esdr.* VIII. 3, 6, 8.

Mais on a trouvé de nos jours, entre les mains des Samaritains, un Pentateuque en anciens caractères hébraïques tels qu'on les voit dans les médailles et dans tous les monumens des siècles passés. Ce Pentateuque ne diffère en rien de celui des Juifs, si ce n'est qu'il y a un endroit falsifié en faveur du culte public, que les Samaritains soutenoient que Dieu avoit établi sur la montagne de Garizim près de Samarie, comme les Juifs soutenoient que c'étoit dans Jérusalem. Il y a encore quelques différences, mais légères. Il est constant que les anciens Pères, et entre autres Eusèbe et saint Jérôme, ont vu cet ancien Pentateuque samaritain; et qu'on trouve, dans celui que nous avons, tous les caractères de celui dont ils ont parlé.

Pour entendre parfaitement les antiquités du peuple de Dieu, il faut ici en peu de mots faire l'histoire des Samaritains et de leur Pentateuque. Il faut pour cela se souvenir qu'après Salomon, et en punition de ses excès, sous Roboam, son fils, Jéroboam sépara dix tribus du royaume de Juda, et forma le royaume d'Israël, dont la capitale fut Samarie.

Ce royaume, ainsi séparé, ne sacrifia plus dans le temple de Jérusalem, et rejeta toutes les Écritures faites depuis David et Salomon, sans se soucier non plus des ordonnances de ces deux rois, dont l'un avoit préparé le temple, et l'autre l'avoit construit et dédié.

Rome fut fondée l'an du monde 3250; et trente-trois ans après, c'est-à-dire l'an du monde 3283, les dix tribus schismatiques furent transportées à Ninive, et dispersées parmi les Gentils.

Sous Asaraddon, roi d'Assyrie, les Cuthéens furent envoyés pour habiter Samarie (1). C'étoient des peuples d'Assyrie, qui furent depuis appelés Samaritains. Ceux-ci joignirent le culte de Dieu avec celui des idoles, et obtinrent d'Asaraddon un prêtre israélite qui leur apprit le service du dieu du pays, c'est-à-dire les observances de la loi de Moïse. Mais leur prêtre ne leur donna que les livres de Moïse dont les dix tribus révoltées avoient conservé la vénération, sans y joindre les livres saints, pour les raisons que l'on vient de voir.

_____

(1) *IV. Reg.* xvii. 24. *I. Esdr.* iv. 2.

Ces peuples ainsi instruits ont toujours persisté dans la haine que les dix tribus avoient contre les Juifs ; et, lorsque Cyrus permit aux Juifs de rétablir le temple de Jérusalem, les Samaritains traversèrent autant qu'ils purent leur dessein (1), en faisant semblant néanmoins d'y vouloir prendre part, sous prétexte qu'ils adoroient le Dieu d'Israël, quoiqu'ils en joignissent le culte avec celui de leurs fausses divinités.

Ils persistèrent toujours à traverser les desseins des Juifs lorsqu'ils rebâtissoient leur ville sous la conduite de Néhémias ; et les deux nations furent toujours ennemies.

On voit ici la raison pourquoi ils ne changèrent pas avec les Juifs les caractères hébreux en caractères chaldaïques. Ils n'avoient garde d'imiter les Juifs, non plus qu'Esdras, leur grand docteur, puisqu'ils les avoient en exécration : c'est pourquoi leur Pentateuque se trouve écrit en anciens caractères hébraïques, ainsi qu'il a été dit.

Alexandre leur permit de bâtir le

---

(1) *I. Esdr.* iv. 2, 3.

temple de Garizim. Manassès, frère de Jaddus, souverain pontife des Juifs, qui embrassa le schisme des Samaritains, obtint la permission de bâtir ce temple, et c'est apparemment sous lui qu'ils commencèrent à quitter le culte des faux dieux, ne différant d'avec les Juifs qu'en ce qu'ils le vouloient servir, non point dans Jérusalem, comme Dieu l'avoit ordonné ; mais sur le mont Garizim.

On voit ici la raison pourquoi ils ont falsifié, dans leur Pentateuque, l'endroit où il est parlé de la montagne de Garizim, dans le dessein de montrer que cette montagne étoit bénite de Dieu et consacrée à son culte, et non pas Jérusalem.

La haine entre les deux peuples subsista toujours : les Samaritains soutenoient que leur temple de Garizim devoit être préféré à celui de Jérusalem. La contestation fut émue devant Ptolomée Philométor, roi d'Égypte. Les Juifs, qui avoient pour eux la succession et la tradition manifeste, gagnèrent leur cause par un jugement solennel (1).

---

(1) *Jos.* Ant. *lib.* XIII, *cap.* G, *al.* 3.

Ans de Rome.	Ans dev. J. C.	
587	167	
624	130	

Les Samaritains, qui durant la persécution d'Antiochus et des rois de Syrie se joignirent toujours à eux contre les Juifs, furent subjugués par Jean Hircan, fils de Simon, qui renversa leur temple de Garizim, mais qui ne les put empêcher de continuer leur service sur la montagne où il étoit bâti, ni réduire ce peuple opiniâtre à venir adorer dans le temple de Jérusalem.

De là vient que, du temps de Jésus-Christ, on voit encore les Samaritains attachés au même culte, et condamnés par Jésus-Christ (1).

Ce peuple a toujours subsisté depuis ce temps-là, en deux ou trois endroits de l'Orient. Un de nos voyageurs l'a connu, et nous en a rapporté le texte du Pentateuque qu'on appelle samaritain, dont on voit à présent l'antiquité, et on entend parfaitement toutes les raisons pour lesquelles il est demeuré en l'état où nous le voyons.

Les Juifs vivoient avec douceur sous l'autorité d'Artaxerxe. Ce prince, réduit par Cimon, fils de Miltiade, géné-

---

(1) *Joann.* IV. 23.

SUR L'HISTOIRE UNIVERSELLE. 87

| | Ans de Rome. | Ans dev. J.C. |

ral des Athéniens, à faire une paix honteuse, désespéra de vaincre les Grecs par la force, et ne songea plus qu'à profiter de leurs divisions. Il en arriva de grandes entre les Athéniens et les Lacédémoniens. Ces deux peuples, jaloux l'un de l'autre, partagèrent toute la Grèce. Périclès, Athénien, commença la guerre du Péloponnèse, durant laquelle Théramène, Thrasybule et Alcibiade, Athéniens, se rendent célèbres. Brasidas et Myndare, Lacédémoniens, y meurent en combattant pour leur pays. Cette guerre dura vingt-sept ans, et finit à l'avantage de Lacédémone, qui avoit mis dans son parti Darius nommé le Bâtard, fils et successeur d'Artaxerxe. Lysandre, général de l'armée navale des Lacédémoniens, prit Athènes, et en changea le gouvernement. Mais la Perse s'aperçut bientôt qu'elle avoit rendu les Lacédémoniens trop puissans. Ils soutinrent le jeune Cyrus dans sa révolte contre Artaxerxe son aîné, appelé Mnémon à cause de son excellente mémoire, fils et successeur de Darius. Ce jeune prince, sauvé de la prison et de la mort par sa mère Parysatis, songe à la vengeance, gagne les satrapes par ses

323 — 431

350 — 404

353 — 401

agrémens infinis, traverse l'Asie-Mineure, va présenter la bataille au roi son frère dans le cœur de son empire, le blesse de sa propre main, et se croyant trop tôt vainqueur, périt par sa témérité. Les dix mille Grecs qui le servoient font cette retraite étonnante, où commandoit à la fin Xénophon, grand philosophe et grand capitaine, qui en a écrit l'histoire. Les Lacédémoniens continuoient à attaquer l'empire des Perses, qu'Agésilas, roi de Sparte, fit trembler dans l'Asie-Mineure : mais les divisions de la Grèce le rappelèrent en son pays. En ce temps la ville de Véies, qui égaloit presque la gloire de Rome, après un siége de dix ans et beaucoup de divers succès, fut prise par les Romains, sous la conduite de Camille. Sa générosité lui fit encore une autre conquête. Les Falisques, qu'il assiégeoit, se donnèrent à lui, touchés de ce qu'il leur avoit renvoyé leurs enfans, qu'un maître d'école lui avoit livrés. Rome ne vouloit pas vaincre par des trahisons, ni profiter de la perfidie d'un lâche, qui abusoit de l'obéissance d'un âge innocent. Un peu après, les Gaulois sénonois entrèrent en Italie, et assiégèrent

Clusium. Les Romains perdirent contre eux la fameuse bataille d'Allia. Leur ville fut prise et brûlée. Pendant qu'ils se défendoient dans le Capitole, leurs affaires furent rétablies par Camille, qu'ils avoient banni. Les Gaulois demeurèrent sept mois maîtres de Rome; et appelés ailleurs par d'autres affaires, ils se retirèrent chargés de butin (1). Durant les brouilleries de la Grèce, Épaminondas, Thébain, se signala par son équité et par sa modération autant que par ses victoires. On remarque qu'il avoit pour règle de ne mentir jamais, même en riant. Ses grandes actions éclatent dans les dernières années de Mnémon, et dans les premières d'Ochus. Sous un si grand capitaine, les Thébains sont victorieux, et la puissance de Lacédémone est abattue. Celle des rois de Macédoine commence avec Philippe, père d'Alexandre-le-Grand. Malgré les oppositions d'Ochus et d'Arsès, son fils, rois de Perse, et malgré les difficultés plus grandes encore que lui suscitoit dans Athènes l'éloquence de Démosthène,

_____

(1) *Polyb. lib.* 1, c. 6. *lib.* 11, c. 18, 22.

puissant défenseur de la liberté, ce prince, victorieux durant vingt ans, assujettit toute la Grèce, où la bataille de Chéronée, qu'il gagna sur les Athéniens et sur leurs alliés, lui donna une puissance absolue. Dans cette fameuse bataille, pendant qu'il rompoit avec les Athéniens, il eut la joie de voir Alexandre, à l'âge de dix-huit ans, enfoncer les troupes thébaines de la discipline d'Epaminondas, et entre autres la troupe sacrée, qu'on appeloit des Amis, qui se croyoit invincible. Ainsi maître de la Grèce, et soutenu par un fils d'une si grande espérance, il conçut de plus hauts desseins, et ne médita rien moins que la ruine des Perses, contre lesquels il fut déclaré capitaine général. Mais leur perte étoit réservée à Alexandre. Au milieu des solennités d'un nouveau mariage, Philippe fut assassiné par Pausanias, jeune homme de bonne maison, à qui il n'avoit pas rendu justice. L'ennuque Bagoas tua dans la même année Arsès, roi de Perse, et fit régner à sa place Darius, fils d'Arsame, surnommé Codomanus. Il mérite, par sa valeur, qu'on se range à l'opinion, d'ailleurs la plus vraisemblable, qui le fait sortir de la famille royale. Ainsi deux rois courageux commencèrent ensemble leur règne, Darius, fils d'Arsame, et Alexandre, fils de Philippe. Ils se regardoient d'un œil jaloux, et sembloient nés pour se disputer l'empire du monde. Mais Alexandre voulut s'affermir avant que d'entreprendre son rival. Il vengea la mort de son père; il dompta les peuples rebelles qui méprisoient sa jeunesse; il battit les Grecs, qui tentèrent vainement de secouer le joug; et ruina Thèbes, où il n'épargna que la maison et les descendans de Pindare, dont la Grèce admiroit les odes. Puissant et victorieux, il marche après tant d'exploits à la tête des Grecs contre Darius, qu'il défait en trois batailles rangées, entre triomphant dans Babylone et dans Suse, détruit Persépolis, ancien siége des rois de Perse, pousse ses conquêtes jusqu'aux Indes, et vient mourir à Babylone âgé de trente-trois ans.

De son temps, Manassès, frère de Jaddus, souverain pontife, excita des brouilleries parmi les Juifs. Il avoit épousé la fille de Sanaballat, Samaritain, que Darius avoit fait satrape de ce pays. Plutôt que de répudier cette étrangère,

Ans de Rome	Ans dev. J.C.
419	335
420	334
421	333
423	331
424	330
427	327
430	324
421	333

à quoi le conseil de Jérusalem et son frère Jaddus vouloient l'obliger, il embrassa le schisme des Samaritains. Plusieurs Juifs, pour éviter de pareils censures, se joignirent à lui. Dès lors il résolut de bâtir un temple près de Samarie, sur la montagne de Garizim, que les Samaritains croyoient bénite, et de s'en faire le pontife. Son beau-père, très-accrédité auprès de Darius, l'assura de la protection de ce prince, et les suites lui furent encore plus favorables.

Alexandre s'éleva; Sanaballat quitta son maître, et mena des troupes au victorieux, durant le siége de Tyr. Ainsi il obtint tout ce qu'il voulut; le temple de Garizim fut bâti, et l'ambition de Manassès fut satisfaite. Les Juifs, cependant, toujours fidèles aux Perses, refusèrent à Alexandre le secours qu'il leur demandoit. Il alloit à Jérusalem, résolu de se venger; mais il fut changé à la vue du souverain pontife, qui vint au-devant lui avec les sacrificateurs revêtus de leurs habits de cérémonie, et précédés de tout le peuple habillé de blanc. On lui montra des prophéties qui prédisoient ses victoires: c'étoient celles de Daniel. Il accorda aux Juifs toutes leurs demandes, et ils lui gardèrent la même fidélité qu'ils avoient toujours gardée aux rois de Perse.

 Durant ses conquêtes, Rome étoit aux mains avec les Samnites, ses voisins, et avoit une peine extrême à les réduire, malgré la valeur et la conduite de Papirius Cursor, le plus illustre de ses généraux. Après la mort d'Alexandre, son empire fut partagé. Perdiccas, Ptolomée, fils de Lagus, Antigonus, Séleucus, Lysimaque, Antipater et son fils Cassander, en un mot, tous ses capitaines nourris dans la guerre sous un si grand conquérant, songèrent à s'en rendre maîtres par les armes : ils immolèrent à leur ambition toute la famille d'Alexandre, son frère, sa mère, ses femmes, ses enfans, et jusqu'à ses sœurs : on ne vit que des batailles sanglantes et d'effroyables révolutions. Au milieu de tant de désordres, plusieurs peuples de l'Asie Mineure et du voisinage s'affranchirent, et formèrent les royaumes de Pont, de Bithynié et de Pergame. La bonté du pays les rendit ensuite riches et puissans. L'Arménie secoua aussi dans le même temps le joug des Macédoniens, et devint un

Ans de Rome / Ans dev. J. C.

428, 429, 430.

430   324

430, 436, 438, 443, 445.

grand royaume. Les deux Mithridate père et fils fondèrent celui de Cappadoce. Mais les deux plus puissantes monarchies qui se soient élevées alors furent celle d'Egypte fondée par Ptolomée, fils de Lagus, d'où viennent les Lagides ; et celle d'Asie ou de Syrie fondée par Séleucus, d'où viennent les Séleucides. Celle-ci comprenoit, outre la Syrie, ces vastes et riches provinces de la haute Asie, qui composoient l'empire des Perses : ainsi tout l'Orient reconnut la Grèce, et en apprit le langage. La Grèce elle-même étoit opprimée par les capitaines d'Alexandre. La Macédoine, son ancien royaume, qui donnoit des maîtres à l'Orient, étoit en proie au premier venu. Les enfans de Cassander se chassèrent les uns les autres de ce royaume. Pyrrhus, roi des Epirotes, qui en avoit occupé une partie, fut chassé par Démétrius Poliorcète, fils d'Antigonus, qu'il chassa aussi à son tour : il est lui-même chassé encore une fois par Lysimaque, et Lysimaque par Séleucus, que Ptolomée Céraunus, chassé d'Egypte par son père Ptolomée I, tua en traître, malgré ses bienfaits. Ce perfide n'eut pas plus tôt envahi la Macédoine, qu'il fût attaqué par les Gaulois, et périt dans un combat qu'il leur donna. Durant les troubles de l'Orient, ils vinrent dans l'Asie Mineure, conduits par leur roi Brennus, et s'établirent dans la Gallo-Grèce ou Galatie, nommée ainsi de leur nom, d'où ils se jetèrent dans la Macédoine, qu'ils ravagèrent, et firent trembler toute la Grèce. Mais leur armée périt dans l'entreprise sacrilége du temple de Delphes. Cette nation remuoit partout, et partout elle étoit malheureuse. Quelques années devant l'affaire de Delphes, les Gaulois d'Italie, que leurs guerres continuelles et leurs victoires fréquentes rendoient la terreur des Romains, furent excités contre eux par les Samnites, les Brutiens et les Etruriens (1). Ils remportèrent d'abord une nouvelle victoire, mais ils en souillèrent la gloire en tuant des ambassadeurs. Les Romains indignés marchent contre eux, les défont, entrent dans leurs terres, où ils fondent une colonie, les battent encore deux fois, en assujettissent une partie, et réduisent

Ans de Rome.	Ans dev. J. C.
475	279
476	278
471	283
472	282

---

(1) *Polyb. lib.* II, *cap.* 20.

l'autre à demander la paix. Après que les Gaulois d'Orient eurent été chassés de la Grèce, Antigonus Gonatas, fils de Démétrius Poliorcète, qui régnoit depuis douze ans dans la Grèce, mais fort peu paisible, envahit sans peine la Macédoine. Pyrrhus étoit occupé ailleurs. Chassé de ce royaume, il espéra de contenter son ambition par la conquête de l'Italie, où il fut appelé par les Tarentins. La bataille que les Romains venoient de gagner sur eux et sur les Samnites ne leur laissoit que cette ressource. Il remporta contre les Romains des victoires qui le ruinoient. Les éléphans de Pyrrhus les étonnèrent : mais le consul Fabrice fit bientôt voir aux Romains que Pyrrhus pouvoit être vaincu. Le roi et le consul sembloient se disputer la gloire de la générosité, plus encore que celle des armes : Pyrrhus rendit au consul tous les prisonniers sans rançon, disant qu'il falloit faire la guerre avec le fer, et non point avec l'argent; et Fabrice renvoya au roi son perfide médecin, qui étoit venu lui offrir d'empoisonner son maître. En ces temps, la religion et la nation judaïque commence à éclater parmi les Grecs. Ce peuple, bien traité par les rois de Syrie, vivoit tranquillement selon ses lois. Antiochus, surnommé le Dieu, petit-fils de Séleucus, les répandit dans l'Asie-Mineure, d'où ils s'étendirent dans la Grèce, et jouirent partout des mêmes droits et de la même liberté que les autres citoyens (1). Ptolomée, fils de Lagus, les avoit déjà établis en Egypte. Sous son fils Ptolomée Philadelphe, leurs écritures furent tournées en grec, et on vit paroître cette célèbre version appelée la version des Septante. C'étoient de savans vieillards qu'Eléazar, souverain pontife, envoya au roi qui les demandoit. Quelques-uns veulent qu'ils n'aient traduit que les cinq livres de la loi. Le reste des livres sacrés pourroit dans la suite avoir été mis en grec pour l'usage des Juifs répandus dans l'Egypte et dans la Grèce (2), où ils oublièrent non-seulement leur ancienne langue, qui étoit l'hébreu, mais encore le chaldéen, que la captivité leur avoit appris. Ils se firent un grec mêlé d'hébraïsme, qu'on appelle le langage

477 277

---

(1) *Joseph*. Ant. *lib.* xii, c. 3. — (2) *Joseph.* Ant. *lib.* 1. *Proœm. et lib.* xii, c. 2.

hellénistique : les Septante et tout le nouveau Testament est écrit en ce langage. Durant cette dispersion des Juifs, leur temple fut célèbre par toute la terre, et tous les rois d'Orient y présentoient leurs offrandes. L'Occident étoit attentif à la guerre des Romains et de Pyrrhus. Enfin ce roi fut défait par le consul Curius, et repassa en Épire. Il n'y demeura pas long-temps en repos, et voulut se récompenser sur la Macédoine des mauvais succès d'Italie. Antigonus Gonatas fut renfermé dans Thessalonique, et contraint d'abandonner à Pyrrhus tout le reste du royaume. Il reprit cœur pendant que Pyrrhus inquiet et ambitieux faisoit la guerre aux Lacédémoniens et aux Argiens. Les deux rois ennemis furent introduits dans Argos en même temps par deux cabales contraires et par deux portes différentes. Il se donna dans la ville un grand combat : une mère, qui vit son fils poursuivi par Pyrrhus, qu'il avoit blessé, écrasa ce prince d'un coup de pierre. Antigonus défait d'un tel ennemi, rentra dans la Macédoine, qui, après quelques changemens, demeura paisible à sa famille. La ligue des Achéens l'empêcha de s'accroître. C'étoit le dernier rempart de la liberté de la Grèce, et ce fut elle qui en produisit les derniers héros avec Aratus et Philopœmen. Les Tarentins, que Pyrrhus entretenoit d'espérance, appelèrent les Carthaginois après sa mort. Ce secours leur fut inutile : ils furent battus avec les Brutiens et les Samnites leurs alliés. Ceux-ci, après soixante-douze ans de guerre continuelle, furent forcés à subir le joug des Romains. Tarente les suivit de près : les peuples voisins ne tinrent pas : ainsi tous les anciens peuples de l'Italie furent subjugués. Les Gaulois souvent battus n'osoient remuer. Après quatre cent quatre-vingts ans de guerre, les Romains se virent les maîtres en Italie, et commencèrent à regarder les affaires du dehors (1) : ils entrèrent en jalousie contre les Carthaginois, trop puissans dans leur voisinage par les conquêtes qu'ils faisoient dans la Sicile, d'où ils venoient d'entreprendre sur eux et sur l'Italie, en secourant les Tarentins. La république de Carthage tenoit les

---

(1) *Polyb. lib.* 1, *c.* 12; *lib.* II, *c.* 1.

deux côtes de la mer Méditerranée. Outre celle d'Afrique, qu'elle possédoit presque tout entière, elle s'étoit étendue du côté d'Espagne par le détroit. Maîtresse de la mer et du commerce, elle avoit envahi les îles de Corse et de Sardaigne. La Sicile avoit peine à se défendre ; et l'Italie étoit menacée de trop près pour ne pas craindre. De là les guerres puniques, malgré les traités, mal observés de part et d'autre. La première apprit aux Romains à combattre sur la mer. Ils furent maîtres d'abord dans un art qu'ils ne connoissoient pas ; et le consul Duilius, qui donna le première bataille navale, la gagna. Régulus soutint cette gloire, et aborda en Afrique, où il eut à combattre ce prodigieux serpent, contre lequel il fallut employer toute son armée. Tout cède : Carthage, réduite à l'extrémité, ne se sauve que par le secours de Xantippe, Lacédémonien. Le général romain est battu et pris ; mais sa prison le rend plus illustre que ses victoires. Renvoyé sur sa parole, pour ménager l'échange des prisonniers, il vient soutenir dans le sénat la loi qui ôtoit toute espérance à ceux qui se laissoient prendre, et retourne à une mort assurée. Deux épouvantables naufrages contraignirent les Romains d'abandonner de nouveau l'empire de la mer aux Carthaginois. La victoire demeura long-temps douteuse entre les deux peuples, et les Romains furent prêts à céder : mais ils réparèrent leur flotte. Une seule bataille décida, et le consul Lutatius acheva la guerre. Carthage fut obligée à payer tribut, et à quitter, avec la Sicile, toutes les îles qui étoient entre la Sicile et l'Italie. Les Romains gagnèrent cette île tout entière, à la réserve de ce qu'y tenoit Hiéron, roi de Syracuse, leur allié (1). Après la guerre achevée, les Carthaginois pensèrent périr par le soulèvement de leur armée. Ils l'avoient composée, selon leur coutume de troupes étrangères, qui se révoltèrent pour leur paie. Leur cruelle domination fit joindre à ces troupes mutinées, presque toutes les villes de leur empire; et Carthage, étroitement assiégée, étoit perdue sans Amilcar, surnommé Barcas. Lui seul avoit

―――――――――

(1) *Polyb. lib.* 1, c. 62, 63 : *lib.* II, c. 1.

Ans de Rome.	Ans dev. J.C.	
5.6	238	soutenu la dernière guerre. Ses citoyens lui durent encore la victoire qu'ils remportèrent sur les rebelles : il leur en coûta la Sardaigne, que la révolte de leur garnison ouvrit aux Romains (1). De peur de s'embarrasser avec eux dans une nouvelle querelle, Carthage céda malgré elle une île si importante, et augmenta son tribut. Elle songeoit à rétablir en Espagne son empire ébranlé
524	230	par la révolte : Amilcar passa dans cette province, avec son fils Annibal, âgé de neuf ans, et y mourut dans une bataille. Durant neuf ans qu'il y fit la guerre, avec autant d'adresse que de valeur, son fils se formoit sous un si grand capitaine, et tout ensemble il concevoit une haine implacable contre les Romains. Son allié Asdrubal fut donné pour successeur à son père. Il gouverna sa province avec beaucoup de prudence, et y bâtit Carthage-la-Neuve, qui tenoit l'Espagne en sujétion. Les Romains étoient occupés dans la guerre contre Teuta, reine d'Illyrie, qui exerçoit impunément la piraterie sur toute

---

(1) *Polyb. lib.* 1, c   83, 88.

la côte. Enflée du butin qu'elle faisoit sur les Grecs et sur les Épirotes, elle méprisa les Romains et tua leur ambassadeur. Elle fut bientôt accablée : les Romains ne lui laissèrent qu'une petite partie de l'Illyrie, et gagnèrent l'île de Corfou, que cette reine avoit usurpée. Ils se firent alors respecter en Grèce par une solennelle ambassade, et ce fut la première fois qu'on y connut leur puissance. Les grands progrès d'Asdrubal leur donnoient de la jalousie ; mais les Gaulois d'Italie les empêchoient de pourvoir aux affaires de l'Espagne (1). Il y avoit quarante-cinq ans qu'ils demeuroient en repos. La jeunesse qui s'étoit élevée durant ce temps ne songeoit plus aux pertes passées, et commençoit à menacer Rome (2). Les Romains, pour attaquer avec sûreté de si turbulens voisins, s'assurèrent des Carthaginois. Le traité fut conclu avec Asdrubal, qui promit de ne passer point au-delà de l'Èbre. La guerre entre les Romains et les Gaulois se fit avec fu-

Ans de Rome.	Ans dev. J.C.
525	229
526	228
530	224

---

(1) *Polyb. lib.* II, c. 12, 22. — (2) *Polyb. lib.* II, c. 21.

reux de part et d'autre : les Transalpins se joignirent aux Cisalpins : tous furent battus. Concolitanus, un des rois gaulois, fut pris dans la bataille : Anéroestus, un autre roi, se tua lui-même. Les Romains victorieux passèrent le Pô pour la première fois, résolus d'ôter aux Gaulois les environs de ce fleuve, dont ils étoient en possession depuis tant de siècles. La victoire les suivit partout : Milan fut pris ; presque tout le pays fut assujetti. En ce temps Asdrubal mourut, et Annibal, quoiqu'il n'eût encore que vingt-cinq ans, fut mis à sa place. Dès lors on prévit la guerre. Le nouveau gouverneur entreprit ouvertement de dompter l'Espagne, sans aucun respect des traités. Rome alors écouta les plaintes de Sagonte, son alliée. Les ambassadeurs romains vont à Carthage. Les Carthaginois rétablis n'étoient plus d'humeur à céder. La Sicile, ravie de leurs mains, la Sardaigne injustement enlevée, et le tribut augmenté, leur tenoient au cœur. Ainsi la faction qui vouloit qu'on abandonnât Annibal se trouva foible. Ce général songeoit à tout. De secrètes ambassades l'avoient assuré des Gaulois d'Italie, qui, n'étant plus en état de rien entreprendre par leurs propres forces, embrassèrent cette occasion de se relever. Annibal traverse l'Ebre, les Pyrénées, toute la Gaule Transalpine, les Alpes, et tombe comme en un moment sur l'Italie. Les Gaulois ne manquent point de fortifier son armée, et font un dernier effort pour leur liberté. Quatre batailles perdues font croire que Rome alloit tomber. La Sicile prend le parti du vainqueur. Hiéronyme, roi de Syracuse, se déclare contre les Romains : presque toute l'Italie les abandonne ; et la dernière ressource de la république semble périr en Espagne avec les deux Scipions. Dans de telles extrémités, Rome dut son salut à trois grands hommes. La constance de Fabius Maximus, qui, se mettant au-dessus des bruits populaires, faisoit la guerre en retraite, fut un rempart à sa patrie. Marcellus, qui fit lever le siége de Nole, et prit Syracuse, donnoit vigueur aux troupes par ses actions. Mais Rome, qui admiroit ces deux grands hommes, crut voir dans le jeune Scipion quelque chose de plus grand. Les merveilleux succès de ses conseils confirmèrent l'opinion qu'on avoit qu'il étoit de race

Ans de Rome.	Ans dev. J. C.
536	218
537	217
538	216
539	215
542	212
540	214
542	212

Ans de Rome.	Ans dev. J. C.	
		divine, et qu'il conversoit avec les dieux.
543	211	A l'âge de vingt-quatre ans, il entreprend d'aller en Espagne, où son père et son oncle venoient de périr : il attaque
544	210	Carthage-la-Neuve, comme s'il eût agi par inspiration, et ses soldats l'emportent d'abord. Tous ceux qui le voient sont gagnés au peuple romain : les Carthaginois lui quittent l'Espagne : à son
548	206	abord en Afrique, les rois se donnent à
551	203	lui : Carthage tremble à son tour, et voit ses armées défaites : Annibal, victorieux durant seize ans, est vainement rappelé
552	202	et ne peut défendre sa patrie : Scipion y donne la loi; le nom d'Africain est sa récompense : le peuple romain, ayant abattu les Gaulois et les Africains, ne voit plus rien à craindre, et combat dorénavant sans péril.
504	250	Au milieu de la première guerre punique, Théodote, gouverneur de la Bactrienne, enleva mille villes à Antiochus appelé le Dieu, fils d'Antiochus Soter, roi de Syrie. Presque tout l'Orient suivit cet exemple. Les Parthes se révoltèrent sous la conduite d'Arsace, chef de la maison des Arsacides, et fondateur d'un empire qui s'étendit peu à peu dans toute la haute Asie.

Les rois de Syrie et ceux d'Egypte, acharnés les uns contre les autres, ne songeoient qu'à se ruiner mutuellement, ou par la force, ou par la fraude. Damas et son territoire, qu'on appeloit la Cœlé-Syrie, ou la Syrie basse, et qui confinoit aux deux royaumes, fut le sujet de leurs guerres; et les affaires de l'Asie étoient entièrement séparées de celles de l'Europe.

Durant tout ce temps, la philosophie florissoit dans la Grèce. La secte des philosophes Italiques, et celle des Ioniques, la remplissoient de grands hommes, parmi lesquels il se mêla beaucoup d'extravagans, à qui la Grèce curieuse ne laissa pas de donner le nom de philosophes. Du temps de Cyrus et de Cambyse, Pythagore commença la secte Italique dans la Grande-Grèce, aux environs de Naples. A peu près dans le même temps, Thalès Milésien forma la secte Ionique. De là sont sortis ces grands philosophes, Héraclite, Démocrite, Empédocle, Parménides, Anaxagore, qui un peu avant la guerre du Péloponnèse fit voir le monde construit par un esprit éternel; Socrate, qui un peu après ramena la philosophie à l'étude des bonnes mœurs, et fut le père de la philosophie morale; Platon, son disciple, chef de l'Académie; Aristote, disciple de Platon, et précepteur d'Alexandre, chef des Péréripaticiens; sous les successeurs d'Alexandre, Zénon, nommé Cittien, d'une ville de l'île de Chypre où il étoit né, chef des Stoïciens; et Epicure, Athénien, chef des philosophes qui portent son nom, si toutefois on peut nommer philosophes ceux qui nioient ouvertement la Providence, et qui, ignorant ce que c'est que le devoir, définissoient la vertu par le plaisir. On peut compter parmi les plus grands philosophes Hippocrate, le père de la médecine, qui éclata au milieu des autres dans ces heureux temps de la Grèce. Les Romains avoient dans le même temps une autre espèce de philosophie, qui ne consistoit point en disputes, ni en discours, mais dans la frugalité, dans la pauvreté, dans les travaux de la vie rustique, et dans ceux de la guerre, où ils faisoient leur gloire de celle de leur patrie et du nom romain : ce qui les rendit enfin maîtres de l'Italie et de Carthage.

NEUVIÈME ÉPOQUE.

Scipion, ou Carthage vaincue.

	Ans de Rome.	Ans dev. J.C.

L'an 552 de la fondation de Rome, environ 250 ans après celle de la monarchie des Perses, et 202 ans avant Jésus-Christ, Carthage fut assujettie aux Romains. Annibal ne laissoit pas sous main de leur susciter des ennemis partout où il pouvoit : mais il ne fit qu'entraîner tous ses amis anciens et nouveaux dans le ruine de sa patrie et dans la sienne. Par les victoires du consul Flaminius, Philippe, roi de Macédoine, allié des Carthaginois, fut abattu; les rois de Macédoine réduits à l'étroit; et la Grèce affranchie de leur joug. Les Romains entreprirent de faire périr Annibal, qu'ils trouvoient encore redoutable après sa perte. Ce grand capitaine, réduit à se sauver de son pays, remua l'Orient contre eux, et attira leurs armes en Asie. Par ses puissans raisonnemens, Antiochus, surnommé le Grand, roi de Syrie, devint jaloux de leur puissance, et leur fit la guerre : mais il ne suivit pas, en la faisant, les conseils d'An-

Ans de Rome : 552, 556, 558, 559, 561
Ans dev. J.C. : 202, 198, 196, 195, 193

nibal, qui l'y avoit engagé. Battu par mer et par terre, il reçut la loi que lui imposa le consul Lucius Scipio, frère de Scipion l'Africain, et il fut renfermé dans le mont Taurus. Annibal, réfugié chez Prusias, roi de Bithynie, échappa aux Romains par le poison. Ils sont redoutés par toute la terre, et ne veulent plus souffrir d'autre puissance que la leur. Les rois étoient obligés de leur donner leurs enfans pour otage de leur foi. Antiochus, depuis appelé l'illustre ou Epiphanes, second fils d'Antiochus le Grand, roi de Syrie, demeura long-temps à Rome en cette qualité : mais sur la fin du règne de Séleucus Philopator, son frère aîné, il fut rendu ; et les Romains voulurent avoir à sa place Démétrius Soter, fils du Roi, alors âgé de dix ans. Dans ce contre-temps, Séleucus mourut ; et Antiochus usurpa le royaume sur son neveu. Les Romains étoient appliqués aux affaires de la Macédoine, où Persée inquiétoit ses voisins, et ne vouloit plus s'en tenir aux conditions imposées au roi Philippe, son père. Ce fut alors que commencèrent les persécutions du peuple de Dieu. Antiochus l'Illustre régnoit comme un furieux : il tourna toute sa fureur contre les Juifs, et entreprit de ruiner le temple, la loi de Moïse, et toute la nation. L'autorité des Romains l'empêcha de se rendre maître de l'Egypte. Ils faisoient la guerre à Persée, qui, plus prompt à entreprendre qu'à exécuter, perdoit ses alliés par son avarice, et ses armées par sa lâcheté. Vaincu par le consul Paul Emile, il fut contraint de se livrer entre ses mains. Gentius, roi de l'Illyrie, son allié, abattu en trente jours par le préteur Anicius, venoit d'avoir un sort semblable. Le royaume de Macédoine, qui avoit duré sept cents ans, et avoit, près de deux cents ans, donné des maîtres, non-seulement à la Grèce, mais encore à tout l'Orient, ne fut plus qu'une province romaine. Les fureurs d'Antiochus s'augmentoient contre le peuple de Dieu. On voit paroître alors la résistance de Mathatias, sacrificateur de la race de Phinées, et imitateur de son zèle; les ordres qu'il donne en mourant pour le salut de son peuple; les victoires de Judas, le Machabée, son fils, malgré le nombre infini de ses ennemis, l'élévation de la famille des Asmonéens, ou des Machabées; la nou-

Ans de Rome.	Ans dev. J. C.
583	171
586	168
587	167
588	166

velle dédicace du temple que les Gentils avoient profané ; le gouvernement de Judas, et la gloire du sacerdoce rétablie; la mort d'Antiochus, digne de son impiété et de son orgueil ; sa fausse conversion durant sa dernière maladie, et l'implacable colère de Dieu sur ce roi superbe. Son fils, Antiochus Eupator, encore en bas âge, lui succéda, sous la tutelle de Lysias, son gouverneur. Durant cette minorité, Démétrius Soter, qui étoit en otage à Rome, crut se pouvoir rétablir ; mais il ne put obtenir du sénat d'être renvoyé dans son royaume : la politique romaine aimoit mieux un roi enfant. Sous Antiochus Eupator, la persécution du peuple de Dieu et les victoires de Judas le Machabée continuent. La division se met dans le royaume de Syrie. Démétrius s'échappe de Rome ; les peuples le reconnoissent ; le jeune Antiochus est tué avec Lysias, son tuteur. Mais les Juifs ne sont pas mieux traités sous Démétrius que sous ses prédécesseurs ; il éprouve le même sort ; ses généraux sont battus par Judas le Machabée ; et la main du superbe Nicanor, dont il avoit si souvent menacé le temple, y est attachée. Mais un peu après, Judas, accablé par la multitude, fut tué en combattant avec une valeur étonnante. Son frère Jonathas succède à sa charge, e tsoutient sa réputation. Réduit à l'extrémité, son courage ne l'abandonna pas. Les Romains, ravis d'humilier les rois de Syrie, accordèrent aux Juifs leur protection; et l'alliance que Judas avoit envoyé leur demander fut accordée, sans aucun secours toutefois : mais la gloire du nom romain ne laissoit pas d'être un grand support au peuple affligé. Les troubles de la Syrie croissoient tous les jours. Alexandre Balas, qui se vantoit d'être fils d'Antiochus l'Illustre, fut mis sur le trône par ceux d'Antioche. Les rois d'Egypte, perpétuels ennemis de la Syrie, se mêloient dans ses divisions pour en profiter. Ptolomée Philométor soutint Balas. La guerre fut sanglante : Démétrius Soter y fut tué, et ne laissa, pour venger sa mort, que deux jeunes princes encore en bas âge, Démétrius Nicator, et Antiochus Sidétès. Ainsi l'usurpateur demeura paisible, et le roi d'Egypte lui donna sa fille Cléopâtre en mariage. Balas, qui se crut au-dessus de tout, se plongea dans la débauche, et s'attira le mépris de tous ses sujets. En ce temps, Philométor jugea le fameux procès que les Samaritains firent aux Juifs. Ces schismatiques, toujours opposés au peuple de Dieu, ne manquoient point de se joindre à leurs ennemis; et pour plaire à Antiochus l'Illustre, leur persécuteur, ils avoient consacré leur temple de Garizim à Jupiter Hospitalier (1). Malgré cette profanation, ces impies ne laissèrent pas de soutenir quelque temps après, à Alexandrie, devant Ptolomée Philométor, que ce temple devoit l'emporter sur celui de Jérusalem. Les parties contestèrent devant le Roi, et s'engagèrent de part et d'autre, à peine de la vie, à justifier leurs prétentions par les termes de la loi de Moïse (2). Les Juifs gagnèrent leur cause, et les Samaritains furent punis de mort, selon la convention. Le même roi permit à Onias, de la race sacerdotale, de bâtir en Egypte le temple d'Héliopolis, sur le modèle de celui de Jérusalem (3) :

---

(1) *II. Machab.* vi. 2. *Joseph. Antiq. lib.* xii, c. 7, al. 5. — (2) *Joseph. Antiq. lib.* xiii, c. 6, al. 3. — (3) *Ibid.*

entreprise qui fut condamnée par tout le conseil des Juifs, et jugée contraire à la loi. Cependant Carthage remuoit et souffroit avec peine les lois que Scipion l'Africain lui avoit imposées. Les Romains résolurent sa perte totale, et la troisième guerre Punique fut entreprise. 606 — 148
Le jeune Démétrius Nicator, sorti de l'enfance, songeoit à se rétablir sur le trône de ses ancêtres, et la mollesse de l'usurpateur lui faisoit tout espérer. A 608 — 146 son approche Balas se troubla : son beau-père Philométor se déclara contre lui, parce que Balas ne voulut pas lui laisser prendre son royaume : l'ambitieuse Cléopâtre, sa femme, le quitta pour épouser son ennemi ; et il périt enfin de la main des siens, après la perte d'une bataille. Philométor mourut peu de jours après, des blessures qu'il y reçut, et la Syrie fut délivrée de deux ennemis. On vit tomber en ce même temps deux grandes villes. Carthage fut prise et réduite en cendre par Scipion Emilien, qui confirma par cette victoire le nom d'Africain dans sa maison, et se montra digne héritier du grand Scipion son aïeul. Corinthe eut la même destinée, et la république ou la ligue des Achéens périt

avec elle. Le consul Mummius ruina de fond en comble cette ville, la plus voluptueuse de la Grèce et la plus ornée. Il en transporta à Rome les incomparables statues, sans en connoître le prix. Les Romains ignoroient les arts de la Grèce, et se contentoient de savoir la guerre, la politique et l'agriculture. Durant les troubles de Syrie, les Juifs se fortifièrent : Jonathas se vit recherché des deux partis, et Nicator victorieux le traita de frère. Il en fut bientôt récompensé. Dans une sédition, les Juifs accourus le tirèrent d'entre les mains des rebelles. Jonathas fut comblé d'honneurs : mais, quand le Roi se crut assuré, il reprit les desseins de ses ancêtres, et les Juifs furent tourmentés comme auparavant. Les troubles de Syrie recommencèrent : Diodote, surnommé Tryphon, éleva un fils de Balas, qu'il nomma Antiochus le Dieu, et lui servit de tuteur pendant son bas âge. L'orgueil de Démétrius souleva les peuples : toute la Syrie étoit en feu : Jonathas sut profiter de la conjoncture, et renouvela l'alliance avec les Romains. Tout lui succédoit, quand Tryphon, par un manquement de parole, le fit périr avec ses enfans. Son frère Simon, le plus prudent et le plus heureux des Machabées, lui succéda; et les Romains le favorisèrent, comme ils avoient fait ses prédécesseurs. Tryphon ne fut pas moins infidèle à son pupille Antiochus, qu'il l'avoit été à Jonathas. Il fit mourir cet enfant par le moyen des médecins, sous prétexte de le faire tailler de la pierre qu'il n'avoit pas, et se rendit maître d'une partie du royaume. Simon prit le parti de Démétrius Nicator, roi légitime; et, après avoir obtenu de lui la liberté de son pays, il la soutint par les armes contre le rebelle Tryphon. Les Syriens furent chassés de la citadelle qu'ils tenoient dans Jérusalem, et ensuite de toutes les places de la Judée. Ainsi les Juifs, affranchis du joug des Gentils par la valeur de Simon, accordèrent les droits royaux à lui et à sa famille; et Démétrius Nicator consentit à ce nouvel établissement. Là commence le nouveau royaume du peuple de Dieu, et la principauté des Asmonéens, toujours jointe au souverain sacerdoce. En ces temps, l'empire des Parthes s'étendit sur la Bactrienne et sur les Indes, par les victoires de Mithridate, le plus vaillant des Arsacides. Pendant qu'il s'avançoit vers l'Euphrate, Démétrius Nicator, appelé par les peuples de cette contrée, que Mithridate venoit de soumettre, espéroit de réduire à l'obéissance les Parthes, que les Syriens traitoient toujours de rebelles. Il remporta plusieurs victoires; et, prêt à retourner dans la Syrie pour y accabler Tryphon, il tomba dans un piége qu'un général de Mithridate lui avoit tendu : ainsi il demeura prisonnier des Parthes. Tryphon, qui se croyoit assuré par le malheur de ce prince, se vit tout d'un coup abandonné des siens. Ils ne pouvoient plus souffrir son orgueil. Durant la prison de Démétrius, leur roi légitime, ils se donnèrent à sa femme Cléopâtre et à ses enfans; mais il fallut chercher un défenseur à ces princes encore en bas âge. Ce soin regardoit naturellement Antiochus Sidétès, frère de Démétrius : Cléopâtre le fit reconnoître dans tout le royaume. Elle fit plus : Phraate, frère et successeur de Mithridate, traita Nicator en roi, et lui donna sa fille Rodogune en mariage. En haine de cette rivale, Cléopâtre, à qui elle ôtoit la couronne avec son mari, épousa Antiochus

Sidétès, et se résolut à régner par toutes sortes de crimes. Le nouveau roi attaqua Tryphon : Simon se joignit à lui dans cette entreprise, et le tyran, forcé dans toutes ses places, finit comme il le méritoit. Antiochus, maître du royaume, oublia bientôt les services que Simon lui avoit rendus dans cette guerre, et le fit périr. Pendant qu'il ramassoit contre les Juifs toutes les forces de la Syrie, Jean Hyrcan, fils de Simon, succéda au pontificat de son père, et tout le peuple se soumit à lui. Il soutint le siége dans Jérusalem avec beaucoup de valeur ; et la guerre qu'Antiochus méditoit contre les Parthes, pour délivrer son frère captif, lui fit accorder aux Juifs des conditions supportables. En même temps que cette paix se conclut, les Romains, qui commençoient à être trop riches, trouvèrent de redoutables ennemis dans la multitude effroyable de leurs esclaves. Eunus, esclave lui-même, les souleva en Sicile ; et il fallut employer à les réduire toute la puissance romaine. Un peu après, la succession d'Attalus, roi de Pergame, qui fit par son testament le peuple romain son héritier, mit la division dans la ville. Les troubles des

Ans de Rome.	Ans dev. J. C.
615	139
619	135
621	133

Gracques commencèrent. Le séditieux tribunat de Tibérius Gracchus, un des premiers hommes de Rome, le fit périr: tout le sénat le tua par la main de Scipion Nasica, et ne vit que ce moyen d'empêcher la dangereuse distribution d'argent dont cet éloquent tribun flattoit le peuple. Scipion Emilien rétablissoit la discipline militaire; et ce grand homme, qui avoit détruit Carthage, ruina encore en Espagne Numance, la seconde terreur des Romains. Les Parthes se trouvèrent foibles contre Sidétès: ses troupes, quoiques corrompues par un luxe prodigieux, eurent un succès surprenant. Jean Hyrcan, qui l'avoit suivi dans cette guerre avec ses Juifs, y signala sa valeur, et fit respecter la religion judaïque, lorsque l'armée s'arrêta pour lui donner le loisir de célébrer un jour de fête (1). Tout cédoit, et Phraate vit son empire réduit à ses anciennes limites; mais, loin de désespérer de ses affaires, il crut que son prisonnier lui serviroit à les rétablir, et

---

(1) *Nic. Damasc. apud Joseph.* Ant. *lib.* XIII, *cap.* 16, *al.* 8.

à envahir la Syrie. Dans cette conjoncture, Démétrius éprouva un sort bizarre. Il fut souvent relâché, et autant de fois retenu, suivant que l'espérance ou la crainte prévaloient dans l'esprit de son beau-père. Enfin un moment heureux, où Phraate ne vit de ressource que dans la diversion qu'il vouloit faire en Syrie par son moyen, le mit tout-à-fait en liberté. A ce moment le sort tourna : Sidétès, qui ne pouvoit soutenir ses effroyables dépenses que par des rapines insupportables, fut accablé tout d'un coup par un soulèvement général des peuples, et périt avec son armée tant de fois victorieuse. Ce fut en vain que Phraate fit courir après Démétrius : il n'étoit plus temps ; ce prince étoit rentré dans son royaume. Sa femme Cléopâtre, qui ne vouloit que régner, retourna bientôt avec lui, et Rodogune fut oubliée. Hyrcan profita du temps : il prit Sichem aux Samaritains, et renversa de fond en comble le temple de Garizim, deux cents ans après qu'il avoit été bâti par Sanaballat. Sa ruine n'empêcha pas les Samaritains de continuer leur culte sur cette montagne ; et les deux peuples demeurèrent irréconciliables. L'année

	Ans de Rome.	Ans dev. J.C.
	624	130

d'après, toute l'Idumée, unie par les victoires d'Hyrcan au royaume de Judée, reçut la loi de Moïse avec la circoncision. Les Romains continuèrent leur protection à Hyrcan, et lui firent rendre les villes que les Syriens lui avoient ôtées. L'orgueil et les violences de Démétrius Nicator ne laissèrent pas la Syrie long-temps tranquille. Les peuples se révoltèrent. Pour entretenir leur révolte, l'Egypte ennemie leur donna un roi : ce fut Alexandre Zébina, fils de Balas. Démétrius fut battu ; et Cléopâtre, qui crut régner plus absolument sous ses enfans que sous son mari, le fit périr. Elle ne traita pas mieux son fils aîné Séleucus, qui vouloit régner malgré elle. Son second fils, Antiochus, appelé Grypus, avoit défait les rebelles, et revenoit victorieux : Cléopâtre lui présenta en cérémonie la coupe empoisonnée, que son fils, averti de ses desseins pernicieux, lui fit avaler. Elle laissa en mourant une semence éternelle de divisions entre les enfans qu'elle avoit eus des deux frères, Démétrius Nicator et Antiochus Sidétès. La Syrie ainsi agitée ne fut plus en état de troubler les Juifs. Jean Hyrcan prit

Samarie, et ne put convertir les Samaritains. Cinq ans après, il mourut: la Judée demeura paisible à ses deux enfans Aristobule et Alexandre Jannée, qui régnèrent l'un après l'autre, sans être incommodés des rois de Syrie. Les Romains laissoient ce riche royaume se consumer par lui-même, et s'étendoient du côté de l'Occident. Durant les guerres de Démétrius Nicator et de Zébina, ils commencèrent à s'étendre au-delà des Alpes; et Sextius, vainqueur des Gaulois nommés Saliens, établit dans la ville d'Aix, une colonie qui porte encore son nom. Les Gaulois se défendoient mal. Fabius dompta les Allobroges et tous les peuples voisins; et la même année que Grypus fit boire à sa mère le poison qu'elle lui avoit préparé, la Gaule Narbonnoise, réduite en province, reçut le nom de province romaine. Ainsi l'empire romain s'agrandissoit, et occupoit peu à peu toutes les terres et toutes les mers du monde connu. Mais autant que la face de la république paroissoit belle au dehors par les conquêtes, autant étoit-elle défigurée par l'ambition désordonnée de ses citoyens, et par ses guerres intes-

Ans de Rome.	Ans dev. J.C.
645	109
650	104
651	103
629	125
630	124
631	123
633	121

tines. Les plus illustres des Romains devinrent les plus pernicieux au bien public. Les deux Gracques, en flattant le peuple, commencèrent des divisions qui ne finirent qu'avec la république. Caïus, frère de Tibérius, ne put souffrir qu'on eût fait mourir un si grand homme d'une manière si tragique. Animés à la vengeance par des mouvemens qu'on crut inspirés par l'ombre de Tibérius, il arma tous les citoyens les uns contre les autres ; et, à la veille de tout détruire, il périt d'une mort semblable à celle qu'il vouloit venger. L'argent faisoit tout à Rome. Jugurtha, roi de Numidie, souillé du meurtre de ses frères, que le peuple romain protégeoit, se défendit plus long-temps par ses largesses que par ses armes ; et Marius, qui acheva de le vaincre, ne put parvenir au commandement, qu'en animant le peuple contre la noblesse. Les esclaves armèrent encore une fois dans la Sicile, et leur seconde révolte ne coûta pas moins de sang aux Romains que la première. Marius battit les Teutons, les Cimbres et les autres peuples du Nord, qui pénétroient dans les Gaules, dans l'Espagne et dans l'Italic. Les victoires qu'il en remporta furent une occasion de proposer de nouveaux partages de terre : Métellus, qui s'y opposoit, fut contraint de céder au temps ; et les divisions ne furent éteintes que par le sang de Saturnius, tribun du peuple. Pendant que Rome protégeoit la Cappadoce contre Mithridate, roi de Pont, et qu'un si grand ennemi cédoit aux forces romaines, avec la Grèce, qui étoit entrée dans ses intérêts, l'Italie, exercée aux armes par tant de guerres, soutenues ou contre les Romains, ou avec eux, mit leur empire en péril, par une révolte universelle. Rome se vit déchirée dans les mêmes temps par les fureurs de Marius et de Sylla, dont l'un avoit fait trembler le Midi et le Nord, et l'autre étoit le vainqueur de la Grèce et de l'Asie. Sylla, qu'on nommoit l'Heureux, le fut trop contre sa patrie, que sa dictature tyrannique mit en servitude. Il put bien quitter volontairement la souveraine puissance ; mais il ne put empêcher l'effet du mauvais exemple. Chacun voulut dominer. Sertorius, zélé partisan de Marius, se cantonna dans l'Espagne, et se ligua avec Mi-

Ans de Rome.	Ans dev. J. C.
654	100
660	94
666	88
668	86
663	91
666, 667, et suiv.	
672	82
675	79
680	74
681	73

Ans de Rome.	Ans dev. J. C.	
		thridate. Contre un si grand capitaine, la force fut inutile; et Pompée ne put réduire ce parti qu'en y mettant la division. Il n'y eut pas jusqu'à Spartacus, gladiateur, qui ne crût pouvoir aspirer au commandement. Cet esclave ne fit pas moins de peine aux préteurs et aux
683	71	consuls, que Mithridate en faisoit à Lucullus. La guerre des gladiateurs devint redoutable à la puissance romaine : Crassus avoit peine à la finir, et il fallut envoyer contre eux le grand
686	68	Pompée. Lucullus prenoit le dessus en Orient. Les Romains passèrent l'Euphrate : mais leur général, invincible contre l'ennemi, ne put tenir dans le devoir ses propres soldats. Mithridate, souvent battu sans jamais perdre courage, se relevoit; et le bonheur de Pompée sembloit nécessaire à terminer
687	67	cette guerre. Il venoit de purger les mers des pirates qui les infestoient, depuis la Syrie jusqu'aux colonnes d'Hercule, quand il fut envoyé contre Mithridate. Sa gloire parut alors élevée au comble. Il achevoit de soumettre ce vaillant roi; l'Arménie, où il s'étoit
689	65	réfugié, l'Ibérie et l'Albanie, qui le soutenoient; la Syrie, déchirée par ses

factions; la Judée, où la division des Asmonéens ne laissa à Hyrcan II, fils d'Alexandre Jannée, qu'une ombre de puissance, et enfin tout l'Orient : mais il n'eut pas eu où triompher de tant d'ennemis, sans le consul Cicéron qui sauvoit la ville des feux que lui préparoit Catilina suivi de la plus illustre noblesse de Rome. Ce redoutable parti fut ruiné par l'éloquence de Cicéron, plutôt que par les armes de C. Antonius son collègue. La liberté du peuple romain n'en fut pas plus assurée. Pompée régnoit dans le sénat, et son grand nom le rendoit maître absolu de toutes les délibérations. Jules César, en domptant les Gaules, fit à sa patrie la plus utile conquête qu'elle eût jamais faite. Un si grand service le mit en état d'établir sa domination dans son pays. Il voulut premièrement égaler, et ensuite surpasser Pompée. Les immenses richesses de Crassus lui firent croire qu'il pourroit partager la gloire de ces deux grands hommes, comme il partageoit leur autorité. Il entreprit témérairement la guerre contre les Parthes, funeste à lui et à sa patrie. Les Arsacides, vainqueurs, insultèrent par de cruelles railleries à l'ambition des Romains et à l'avarice insatiable de leur général. Mais la honte du nom romain ne fut pas le plus mauvais effet de la défaite de Crassus. Sa puissance contrebalançoit celle de Pompée et de César, qu'il tenoit unis comme malgré eux. Par sa mort, la digue qui les retenoit fut rompue. Les deux rivaux, qui avoient en main toutes les forces de la république, décidèrent leur querelle à Pharsale par une bataille sanglante. César, victorieux, parut en un moment par tout l'univers, en Egypte, en Asie, en Mauritanie, en Espagne : vainqueur de tous côtés, il fut reconnu comme maître à Rome et dans tout l'empire. Brutus et Cassius crurent affranchir leurs citoyens en le tuant comme un tyran, malgré sa clémence. Rome retomba entre les mains de Marc-Antoine, de Lépide et du jeune César Octavien, petit-neveu de Jules César et son fils par adoption, trois insupportables tyrans, dont le triumvirat et les proscriptions font encore horreur en les lisant. Mais elles furent trop violentes pour durer longtemps. Ces trois hommes partagent l'empire. César garde l'Italie; et, changeant incontinent en douceur ses premières cruautés, il fait croire qu'il y a été entraîné par ses collègues. Les restes de la république périssent avec Brutus et Cassius. Antoine et César, après avoir ruiné Lépide, se tournent l'un contre l'autre. Toute la puissance romaine se met sur la mer. César gagne la bataille Actiaque : les forces de l'Egypte et de l'Orient, qu'Antoine menoit avec lui, sont dissipées : tous ses amis l'abandonnent, et même sa Cléopâtre, pour laquelle il s'étoit perdu. Hérode, Iduméen, qui lui devoit tout, est contraint de se donner au vainqueur, et se maintient par ce moyen dans la possession du royaume de Judée, que la foiblesse du vieux Hyrcan avoit fait perdre entièrement aux Asmonéens. Tout cède à la fortune de César : Alexandrie lui ouvre ses portes : l'Egypte devient une province romaine : Cléopâtre, qui désespère de la pouvoir conserver, se tue elle-même après Antoine : Rome tend les bras à César, qui demeure, sous le nom d'Auguste et sous le titre d'empereur, seul maître de tout l'empire. Il dompte, vers les Pyrénées, les Cantabres et les Asturiens révoltés : l'Ethiopie lui demande la paix : les

Ans de Rome.	Ans dev. J. C.
718	36
722	32
723	31
724	30
727	27
730	24
732	22

Ans de Rome.	Ans dev. J. C.	
754	20	Parthes épouvantés lui renvoient les étendards pris sur Crassus, avec tous les prisonniers romains : les Indes recherchent son alliance : ses armes se
739	15	font sentir aux Rhètes ou Grisons, que
742	12	leurs montagnes ne peuvent défendre :
547	7	la Pannonie le reconnoît : la Germanie le redoute, et le Véser reçoit ses lois. Victorieux par mer et par terre, il ferme le temple de Janus. Tout l'univers vit
753		en paix sous sa puissance, et Jésus-
754		Christ vient au monde.

DIXIÈME ÉPOQUE.

Naissance de Jésus-Christ.

Septième et dernier âge du monde.

Ans de J. C.

1

Nous voilà enfin arrivés à ces temps, tant désirés par nos pères, de la venue du Messie. Ce nom veut dire le Christ ou l'Oint du Seigneur; et Jésus-Christ le mérite comme pontife, comme roi, et comme prophète. On ne convient pas de l'année précise où il vint au monde, et on convient que sa vraie naissance devance de quelques années notre ère vulgaire, que nous suivrons pourtant avec tous les autres, pour une plus grande commodité. Sans disputer davantage sur l'année de la naissance de notre Seigneur, il suffit que nous sachions qu'elle est arrivée environ l'an 4000 du monde. Les uns la mettent un peu auparavant, les autres un peu après, et les autres précisément en cette année : diversité qui provient autant de l'incertitude des années du monde, que de celle de la naissance de notre Seigneur. Quoi qu'il en soit, ce fut environ ce temps, mille ans après la dédicace du temple, et l'an 754 de Rome que Jésus-Christ, fils de Dieu dans l'éternité, fils d'Abraham et de David dans le temps, naquit d'une vierge. Cette époque est la plus considérable de toutes, non-seulement par l'importance d'un si grand événement, mais encore parce que c'est celle d'où il y a plusieurs siècles que les chrétiens commencent à compter leurs années. Elle a encore ceci de remarquable, qu'elle concourt à peu près avec le temps où Rome retourne à l'état monarchique sous l'empire paisible d'Auguste. Tous les arts fleurirent de son temps, et la poésie latine fut portée à sa dernière perfection par Virgile et par Horace, que ce prince n'excita pas seulement par ses bienfaits, mais encore en leur donnant un libre accès auprès de lui. La naissance de Jésus-Christ fut suivie de près de la mort d'Hérode. Son royaume fut partagé entre ses enfans, et le principal partage ne tarda pas à tomber entre les mains des Romains. Auguste acheva son règne avec beaucoup de gloire. Tibère, qu'il avoit adopté, lui succéda sans contradiction ; et l'empire fut reconnu pour héréditaire dans la maison des Césars. Rome eut beaucoup à souffrir de la cruelle politique de Tibère : le reste de l'empire fut assez tranquille. Germanicus, neveu de Tibère, apaisa les armées rebelles, refusa l'empire, battit le fier Arminius, poussa ses conquêtes jusqu'à l'Elbe ; et s'étant attiré avec l'amour de tous les peuples la jalousie de son oncle, ce barbare le fit mourir ou de chagrin ou par le poison. A la quinzième année de Tibère, saint Jean-Baptiste paroît ; Jésus-Christ se fait baptiser par ce divin précurseur : le Père éternel reconnoît son fils bien aimé par une voix qui vient d'en haut : le Saint-Esprit descend sur le Sauveur, sous la figure pacifique d'une colombe : toute la Trinité se manifeste. Là commence, avec la soixante-dixième semaine de Daniel, la prédication de Jésus-Christ. Cette dernière semaine étoit la plus importante et la plus marquée. Daniel l'avoit séparée des autres, comme la semaine où l'alliance devoit être confirmée ; et au milieu de laquelle les anciens sacrifices devoient perdre leur vertu (1). Nous la pouvons appeler la semaine des mystères. Jésus-Christ y établit sa mission et sa doctrine par des miracles innombrables, et ensuite par sa mort. Elle arriva la quatrième année de son ministère, qui fut aussi la quatrième année de la dernière semaine de Daniel ; et cette grande semaine se trouve, de cette sorte, justement coupée au milieu par cette mort.

Ainsi le compte des semaines est aisé à faire, ou plutôt il est tout fait. Il n'y a qu'à ajouter à quatre cent cinquante trois ans, qui se trouveront depuis l'an 300 de Rome et le vingtième d'Artaxerxe, jusqu'au commencement de l'ère vulgaire, les trente ans de cette ère qu'on voit aboutir à la quinzième année

---

(1) *Dan.* ix. 27.

de Tibère, et au baptême de notre Seigneur ; il se fera de ces deux sommes quatre cent quatre-vingt-trois ans : des sept ans qui restent encore pour en achever quatre cent quatre-vingt-dix, le quatrième, qui fait le milieu, est celui où Jésus-Christ est mort, et tout ce que Daniel a prophétisé est visiblement renfermé dans le terme qu'il s'est prescrit. On n'auroit pas même besoin de tant de justesse ; et rien ne force à prendre dans cette extrême rigueur le milieu marqué par Daniel. Les plus difficiles se contenteroient de le trouver en quelque point que ce fût entre les deux extrémités : ce que je dis, afin que ceux qui croiroient avoir des raisons pour mettre un peu plus haut ou un peu plus bas le commencement d'Artaxerxe, ou la mort de notre Seigneur, ne se gênent pas dans leur calcul ; et que ceux qui voudroient tenter d'embarrasser une chose claire, par des chicanes de chronologie, se défassent de leur inutile subtilité.

Voilà ce qu'il faut savoir pour ne se point embarrasser des auteurs profanes, et pour entendre autant qu'on en a besoin les antiquités judaïques. Les autres discussions de chronologie sont ici fort peu nécessaires. Qu'il faille mettre de quelques années plus tôt ou plus tard la naissance de notre Seigneur, et ensuite prolonger sa vie un peu plus ou un peu moins, c'est une diversité qui provient autant des incertitudes des années du monde que de celles de Jésus-Christ. Et quoi qu'il en soit, un lecteur attentif aura déjà pu reconnoître qu'elle ne fait rien à la suite ni à l'accomplissement des conseils de Dieu. Il faut éviter les anachronismes qui brouillent l'ordre des affaires, et laisser les savans disputer des autres.

Quant à ceux qui veulent absolument trouver dans les histoires profanes les merveilles de la vie de Jésus-Christ et de ses apôtres, auxquels le monde ne vouloit pas croire, et qu'au contraire il entreprenoit de combattre de toutes ses forces, comme une chose qui le condamnoit, nous parlerons ailleurs de leur injustice. Nous verrons aussi qu'il se trouve dans les auteurs profanes plus de vérités qu'on ne croit, favorables au christianisme : et je donnerai seulement ici pour exemple l'éclipse arrivée au crucifiement de notre Seigneur.

Les ténèbres qui couvrirent toute la face de la terre en plein midi, et au moment que Jésus-Christ fut crucifié (1), sont prises pour une éclipse ordinaire par les auteurs païens, qui ont remarqué ce mémorable événement (2). Mais les premiers chrétiens qui en ont parlé aux Romains comme d'un prodige marqué non-seulement par leurs auteurs, mais encore par les registres publics (3), ont fait voir que ni au temps de la pleine lune où Jésus-Christ étoit mort, ni dans toute l'année où cette éclipse est observée, il ne pouvoit en être arrivée aucune qui ne fût surnaturelle. Nous avons les propres paroles de Phlégon, affranchi d'Adrien, citées dans un temps où son livre étoit entre les mains de tout le monde, aussi bien que les Histoires syriaques de Thallus, qui l'a suivi; et la quatrième année de la 202ᵉ olympiade, marquée dans les An-

―――――――――――――――――――

(1) *Matt.* xxv. 45. — (2) *Phleg.* xiii. *Olymp. Thall.* Hist. 3. — (3) *Tertull.* Apol. c. 21. *Orig.* cont. Cels. *lib.* ii, *n*. 33; *tom.* i, p. 414; et Tract. xxxv in Matth. *n*. 134; *tom.* iii, *pag*. 923. *Euseb.* et *Hieron.* in Chron. *Jul. Afric. ibid.*

nales de Phlégon, est constamment celle de la mort de notre Seigneur.

Pour achever les mystères, Jésus-Christ sort du tombeau le troisième jour; il apparoît à ses disciples; il monte aux cieux en leur présence; il leur envoie le Saint-Esprit, l'Église se forme; la persécution commence; saint Étienne est lapidé; saint Paul est converti. Un peu après, Tibère meurt. Caligula, son petit-neveu, son fils par adoption, et son successeur, étonne l'univers par sa folie cruelle et brutale : il se fait adorer, et ordonne que sa statue soit placée dans le temple de Jérusalem. Chéréas délivre le monde de ce monstre. Claudius règne, malgré sa stupidité. Il est déshonoré par Messaline sa femme, qu'il redemande après l'avoir fait mourir. On le remarie avec Agrippine, fille de Germanicus. Les apôtres tiennent le concile de Jérusalem (1), où saint Pierre parle le premier, comme il fait partout ailleurs. Les Gentils convertis y sont affranchis des cérémonies de la loi. La sentence en est prononcée au nom du

---

(1) *Act.* xv.

Saint-Esprit et de l'Eglise. Saint Paul et saint Barnabé portent le décret du concile aux églises, et enseignent aux fidèles à s'y soumettre (1). Telle fut la forme du premier concile. Le stupide empereur déshérita son fils Britannicus, et adopta Néron, fils d'Agrippine. En récompense, elle empoisonna ce trop facile mari. Mais l'empire de son fils ne lui fut pas moins funeste à elle-même, qu'à tout le reste de la république. Corbulon fit tout l'honneur de ce règne, par les victoires qu'il remporta sur les Parthes et sur les Arméniens. Néron commença dans le même temps la guerre contre les Juifs, et la persécution contre les chrétiens. C'est le premier empereur qui ait persécuté l'Eglise. Il fit mourir à Rome saint Pierre et saint Paul. Mais, comme dans le même temps il persécutoit tout le genre humain, on se révolta contre lui de tous côtés : il apprit que le sénat l'avoit condamné, et se tua lui-même. Chaque armée fit un empereur : la querelle se décida auprès de Rome, et dans Rome même, par d'effroyables combats. Galba, Othon et

---

(1) *Act.* XVI. 4.

Vitellius y périrent : l'empire affligé se reposa sous Vespasien. Mais les Juifs furent réduits à l'extrémité : Jérusalem fut prise et brûlée. Tite, fils et successeur de Vespasien, donna au monde une courte joie ; et ses jours, qu'il croyoit perdus quand ils n'étoient pas marqués de quelque bienfait, se précipitèrent trop vite. On vit revivre Néron en la personne de Domitien. La persécution se renouvela. Saint Jean, sorti de l'huile bouillante, fut relégué dans l'île de Patmos, où il écrivit son apocalypse. Un peu après il écrivit son Évangile, âgé de quatre-vingt-dix ans, et joignit la qualité d'évangéliste à celle d'apôtre et de prophète. Depuis ce temps les chrétiens furent toujours persécutés, tant sous les bons que sous les mauvais empereurs. Ces persécutions se faisoient, tantôt par les ordres des empereurs, et par la haine particulière des magistrats, tantôt par le soulèvement des peuples, et tantôt par des décrets prononcés authentiquement dans le sénat sur les rescrits des princes, ou en leur présence. Alors la persécution étoit plus universelle et plus sanglante ; et ainsi la haine des infidèles, toujours obstinée à perdre l'Eglise, s'excitoit de temps en temps elle-même à de nouvelles fureurs. C'est par ces renouvellemens de violence, que les historiens ecclésiastiques comptent dix persécutions sous dix empereurs. Dans de si longues souffrances, les chrétiens ne firent jamais la moindre sédition. Parmi tous les fidèles, les évêques étoient toujours les plus attaqués. Parmi toutes les églises, l'église de Rome fut persécutée avec le plus de violence; et les papes confirmèrent souvent par leur sang l'Evangile qu'ils annonçoient à toute la terre. Domitien est tué : l'Empire commence à respirer sous Nerva. Son grand âge ne lui permet pas de rétablir les affaires; mais, pour faire durer le repos public, il choisit Trajan pour son successeur. L'empire tranquille au dedans, et triomphant au dehors, ne cesse d'admirer un si bon prince. Aussi avoit-il pour maxime, qu'il falloit que ses citoyens le trouvassent tel qu'il eût vou'u trouver l'empereur s'il eût été simple citoyen. Ce prince dompta les Daces et Décébale, leur roi; étendit ses conquêtes en Orient; donna un roi aux Parthes, et leur fit craindre la puissance romaine : heureux que l'ivrognerie et ses infâmes amours, vices si déplorables dans un si grand prince, ne lui aient rien fait entreprendre contre la justice. A des temps si avantageux pour la république, succédèrent ceux d'Adrien mêlés de bien et de mal. Ce prince maintint la discipline militaire, vécut lui-même militairement et avec beaucoup de frugalité, soulagea les provinces, fit fleurir les arts, et la Grèce, qui en étoit la mère. Les barbares furent tenus en crainte par ses armes et par son autorité. Il rebâtit Jérusalem, à qui il donna son nom ; et c'est de là que lui vient le nom d'Ælia ; mais il en bannit les Juifs, toujours rebelles à l'empire. Ces opiniâtres trouvèrent en lui un impitoyable vengeur. Il déshonora par ses cruautés, et par ses amours monstrueuses, un règne si éclatant. Son infâme Antinoüs, dont il fit un Dieu, couvre de honte toute sa vie. L'empereur sembla réparer ses fautes, et rétablir sa gloire effacée, en adoptant Antonin le Pieux, qui adopta Marc-Aurèle le Sage et le Philosophe. En ces deux princes paroissent deux beaux caractères. Le père, toujours en paix, est

Ans de J. C.
115, 116.

117
120
123
125
126

130

135

151

138
139, 161.

toujours prêt dans le besoin à faire la guerre : le fils est toujours en guerre, toujours prêt à donner la paix à ses ennemis et à l'empire. Son père Antonin lui avoit appris qu'il valoit mieux sauver un seul citoyen que de défaire mille ennemis. Les Parthes et les Marcomans éprouvèrent la valeur de Marc-Aurèle : les derniers étoient des Germains que cet empereur achevoit de dompter quand il mourut. Par la vertu des deux Antonin, ce nom devint les délices des Romains. La gloire d'un si beau nom ne fut effacée, ni par la mollesse de Lucius Verus, frère de Marc-Aurèle et son collègue dans l'empire, ni par les brutalités de Commode, son fils et son successeur. Celui-ci, indigne d'avoir un tel père, en oublia les enseignemens et les exemples. Le sénat et les peuples le détestèrent : ses plus assidus courtisans et sa maîtresse le firent mourir. Son successeur Pertinax, vigoureux défenseur de la discipline militaire, se vit immolé à la fureur des soldats licencieux, qui l'avoient un peu auparavant élevé malgré lui à la souveraine puissance. L'empire, mis à l'encan par l'armée, trouva un acheteur. Le jurisconsulte Didius Julianus hasarda ce hardi marché; il lui en coûta la vie : Sévère, Africain, le fit mourir, vengea Pertinax, passa de l'Orient en Occident, triompha en Syrie, en Gaule et dans la Grande-Bretagne. Rapide conquérant, il égala César par ses victoires; mais il n'imita pas sa clémence. Il ne put mettre la paix parmi ses enfans. Bassien ou Caracalla, son fils aîné, faux imitateur d'Alexandre, aussitôt après la mort de son père, tua son frère Géta, empereur comme lui, dans le sein de Julie, leur mère commune; passa sa vie dans la cruauté et dans le carnage, et s'attira à lui-même une mort tragique. Sévère lui avoit gagné le cœur des soldats et des peuples, en lui donnant le nom d'Antonin, mais il n'en sut pas soutenir la gloire. Le Syrien Héliogabale, ou plutôt Alagabale, son fils, ou du moins réputé pour tel, quoique le nom d'Antonin lui eût donné d'abord le cœur des soldats et la victoire sur Macrin, devint aussitôt après, par ses infamies, l'horreur du genre humain, et se perdit lui-même. Alexandre Sévère, fils de Mamée, son parent et son successeur,

194, 195, 198, etc.
207, 209

208
211, 212

218

222

vécut trop peu pour le bien du monde. Il se plaignoit d'avoir plus de peine à contenir ses soldats qu'à vaincre ses ennemis. Sa mère, qui le gouvernoit, fut cause de sa perte, comme elle l'avoit été de sa gloire. Sous lui Artaxerxe, Persien, tua son maître Artaban, dernier roi des Parthes, et rétablit l'empire des Perses en Orient.

En ces temps, l'Eglise encore naissante remplissoit toute la terre (1); et non-seulement l'Orient, où elle avoit commencé, c'est-à-dire la Palestine, la Syrie, l'Egypte, l'Asie-Mineure, et la Grèce; mais encore dans l'Occident, outre l'Italie, les diverses nations des Gaules, toutes les provinces d'Espagne, l'Afrique, la Germanie, la Grande-Bretagne dans les endroits impénétrables aux armes romaines; et encore hors de l'empire, l'Arménie, la Perse, les Indes, les peuples les plus barbares, les Sarmates, les Daces, les Scythes, les Maures, les Gétuliens, et jusqu'aux îles les plus inconnues. Le sang de ses martyrs la rendoit féconde. Sous Trajan,

---

(1) *Tertull.* adv. *Jud.* c. 7. Apolog. 37.

saint Ignace, évêque d'Antioche, fut exposé aux bêtes farouches. Marc-Aurèle, malhèureusement prévenu des calomnies dont on chargeoit le christianisme, fit mourir saint Justin le Philosophe, et l'Apologiste de la religion chrétienne. Saint Polycarpe, évêque de Smyrne, disciple de saint Jean, à l'âge de quatre-vingts ans, fut condamné au feu sous le même prince. Les saints martyrs de Lyon et de Vienne endurèrent des supplices inouis, à l'exemple de saint Photin (1), leur évêque, âgé de quatre-vingt-dix ans. L'église gallicane remplit tout l'univers de sa gloire. Saint Irénée, disciple de saint Polycarpe, et successeur de saint Photin, imita son prédécesseur, et mourut martyr sous Sévère, avec un grand nombre de fidèles de son église. Quelquefois la persécution se ralentissoit. Dans une extrême disette d'eau, que Marc-Aurèle souffrit en Germanie, une légion chrétienne obtint une pluie capable d'étancher la soif de son armée, et accompagnée de coups de foudre qui épou-

Ans. de J. C.

163
167

177

202

174

---

(1) Ou Pothin.

vantèrent ses ennemis. Le nom de Foudroyante fut donné ou confirmé à la légion par ce miracle. L'empereur en fut touché, et écrivit au sénat en faveur des chrétiens. A la fin, ses devins lui persuadèrent d'attribuer à ses dieux et à ses prières un miracle que les païens ne s'avisoient pas seulement de souhaiter. D'autres causes suspendoient ou adoucissoient quelquefois la persécution pour un peu de temps : mais la superstition, vice que Marc-Aurèle ne put éviter, la haine publique, et les calomnies qu'on imposoit aux chrétiens, prévaloient bientôt. La fureur des païens se rallumoit, et tout l'Empire ruisseloit du sang des martyrs. La doctrine accompagnoit les souffrances. Sous Sévère, et un peu après, Tertullien, prêtre de Carthage, éclaira l'Eglise par ses écrits, la défendit par un admirable Apologétique, et la quitta enfin aveuglé par une orgueilleuse sévérité, et séduit par les visions du faux prophète Montanus. A peu près dans le même temps, le saint prêtre Clément Alexandrin déterra les antiquités du paganisme, pour le confondre. Origène, fils du saint martyr Léonide, se rendit célèbre par toute l'Eglise dès sa première jeunesse, et enseigna de grandes vérités, qu'il mêloit de beaucoup d'erreurs. Le philosophe Ammonius fit servir à la religion la philosophie platonicienne, et s'attira le respect même des païens. Cependant les Valentiniens, les Gnostiques, et d'autres sectes impies, combattoient l'Evangile par de fausses traditions : saint Irénée leur oppose la tradition et l'autorité des églises apostoliques, surtout de celle de Rome fondée par les apôtres saint Pierre et saint Paul, et la principale de toutes (1). Tertullien fait la même chose (2). L'Eglise n'est ébranlée ni par les hérésies, ni par les schismes, ni par la chute de ses docteurs les plus illustres. La sainteté de ses mœurs est si éclatante, qu'elle lui attire les louanges de ses ennemis.

Les affaires de l'Empire se brouilloient d'une terrible manière. Après la mort d'Alexandre, le tyran Maximin, qui l'avoit tué, se rendit le maître, quoique de race gothique. Le sénat lui opposa quatre

---

(1) *Iren.* adv. Hær. *lib.* III, *cap.* 1, 2, 3. — (2) De Præsc. adv. Hær. c. 36.

empereurs, qui périrent tous en moins de deux ans. Parmi eux étoient les deux Gordien père et fils, chéris du peuple romain. Le jeune Gordien leur fils, quoique dans une extrême jeunesse, montra une sagesse consommée, défendit à peine contre les Perses l'Empire affoibli par tant de divisions. Il avoit repris sur eux beaucoup de places importantes. Mais Philippe, Arabe, tua un si bon prince; et de peur d'être accablé par deux empereurs, que le sénat élut l'un après l'autre, il fit une paix honteuse avec Sapor, roi de Perse. C'est le premier des Romains qui ait abandonné par traité quelques terres de l'Empire. On dit qu'il embrassa la religion chrétienne dans un temps où tout à coup il parut meilleur, et il est vrai qu'il fut favorable aux chrétiens. En haine de cet empereur, Dèce, qui le tua, renouvela la persécution avec plus de violence que jamais (1). L'Église s'étendit de tous côtés, principalement dans les Gaules (2), et l'Empire

---

(1) *Euseb.* Hist. eccl. *lib.* VI, c. 39.
— (2) *Greg. Tur.* Hist. Franc. *lib.* I, c. 82.

perdit bientôt Dèce, qui le défendoit vigoureusement. Gallus et Volusien passèrent bien vite : Emilien ne fit que paroître : la souveraine puissance fut donnée à Valérien, et ce vénérable vieillard y monta par toutes les dignités. Il ne fut cruel qu'aux chrétiens. Sous lui le pape saint Etienne, et saint Cyprien, évêque de Carthage, malgré toutes leurs disputes qui n'avoient point rompu la communion, reçurent tous deux la même couronne. L'erreur de saint Cyprien, qui rejetoit le baptême donné par les hérétiques, ne nuisit ni à lui ni à l'Eglise. La tradition du saint Siége se soutint, par sa propre force, contre les spécieux raisonnemens et contre l'autorité d'un si grand homme, encore que d'autres grands hommes défendissent la même doctrine. Une autre dispute fit plus de mal. Sabellius confondit ensemble les trois personnes divines, et ne connut en Dieu qu'une seule personne sous trois noms. Cette nouveauté étonna l'Eglise; et saint Denis, évêque d'Alexandrie, découvrit au pape saint Sixte II les erreurs de cet hérésiarque (1).

---

(1) *Euseb.* Hist. eccl. *lib.* VII, c. 6.

Ce saint pape suivit de près au martyre saint Etienne, son prédécesseur : il eut la tête tranchée, et laissa un plus grand combat à soutenir à son diacre saint Laurent. C'est alors qu'on voit commencer l'inondation des barbares. Les Bourguignons et d'autres peuples germains, les Goths, autrefois appelés les Gètes, et d'autres peuples qui habitoient vers le Pont-Euxin et au-delà du Danube, entrèrent dans l'Europe : l'Orient fut envahi par les Scythes asiatiques et par les Perses. Ceux-ci défirent Valérien, qu'ils prirent ensuite par une infidélité; et, après lui avoir laissé achever sa vie dans un pénible esclavage, ils l'écorchèrent, pour faire servir sa peau déchirée de monument à leur victoire. Gallien, son fils et son collègue, acheva de tout perdre par sa mollesse. Trente tyrans partagèrent l'Empire. Odénat, roi de Palmyre, ville ancienne, dont Salomon est le fondateur, fut le plus illustre de tous : il sauva les provinces d'Orient des mains des Barbares, et s'y fit reconnoître. Sa femme Zénobie marchoit avec lui à la tête des armées qu'elle commanda seule après sa mort, et se rendit célèbre par toute la terre pour avoir joint la chasteté avec la beauté, et le savoir avec la valeur. Claudius II, et Aurélien après lui, rétablirent les affaires de l'Empire. Pendant qu'ils abattoient les Goths avec les Germains, par des victoires signalées, Zénobie conservoit à ses enfans les conquêtes de leur père. Cette princesse penchoit au judaïsme. Pour l'attirer, Paul de Samosate, évêque d'Antioche, homme vain et inquiet, enseigna son opinion judaïque sur la personne de Jésus-Christ, qu'il ne faisoit qu'un pur homme (1). Après une longue dissimulation d'une si nouvelle doctrine, il fut convaincu et condamné au concile d'Antioche. La reine Zénobie soutint la guerre contre Aurélien, qui ne dédaigna pas de triompher d'une femme si célèbre. Parmi de perpétuels combats il sut faire garder aux gens de guerre la discipline romaine, et montra qu'en suivant les anciens ordres et l'ancienne frugalité, on pouvoit

_____

(1) *Euseb.* Hist. eccl. *lib.* VII, *c.* 27, *et seq.* *Athan.* de Synod. *n.* 26, 43 : *tom.* 1, *p.* 739. 757, *etc.* *Theodor.* Hær. Fab. *lib.* II, *c.* 8. *Niceph. lib.* VI, *c.* 27.

faire agir de grandes armées au dedans et au dehors, sans être à charge à l'Empire. Les Francs commençoient alors à se faire craindre (1). C'étoit une ligne de peuples Germains, qui habitoient le long du Rhin. Leur nom montre qu'ils étoient unis par l'amour de la liberté. Aurélien les avoit battus étant particulier, et les tint en crainte étant empereur. Un tel prince se fit haïr par ses actions sanguinaires. Sa colère trop redoutée lui causa la mort. Ceux qui se croyoient en péril le prévinrent, et son secrétaire menacé se mit à la tête de la conjuration. L'armée, qui le vit périr par la conspiration de tant de chefs, refusa d'élire un empereur, de peur de mettre sur le trône un des assassins d'Aurélien ; et le sénat, rétabli dans son ancien droit, élut Tacite. Ce nouveau prince étoit vénérable par son âge et par sa vertu ; mais il devint odieux par les violences d'un parent, à qui il donna le commandement de l'armée, et périt avec lui dans une sédition, le sixième mois de son

---

(1) Hist. Aug. *Aurel.* c. 7. *Flor.* c. 2. *Prov.* c. 11, 12. *Firm. etc.* c. 13.

règne. Ainsi son élévation ne fit que précipiter le cours de sa vie. Son frère Florien prétendit l'Empire par droit de succession, comme le plus proche héritier. Ce droit ne fut pas reconnu : Florien fut tué, et Probus forcé par les soldats à recevoir l'Empire, encore qu'il les menaçât de les faire vivre dans l'ordre. Tout fléchit sous un si grand capitaine : les Germains et les Francs, qui vouloient entrer dans les Gaules, furent repoussés ; et en Orient aussi bien qu'en Occident, tous les Barbares respectèrent les armes romaines. Un guerrier si redoutable aspiroit à la paix, et fit espérer à l'Empire de n'avoir plus besoin de gens de guerre. L'armée se vengea de cette parole, et de la règle sévère que son empereur lui faisoit garder. Un moment après, étonnée de la violence qu'elle exerça sur un si grand prince, elle honora sa mémoire, et lui donna pour successeur Carus, qui n'étoit pas moins zélé que lui pour la discipline. Ce vaillant prince vengea son prédécesseur, et réprima les Barbares, à qui la mort de Probus avoit rendu le courage. Il alla en Orient combattre les Perses avec Numérien, son second fils, et opposa aux ennemis, du côté du nord, son fils aîné Carinus, qu'il fit César. C'étoit la seconde dignité, et le plus proche degré pour parvenir à l'Empire. Tout l'Orient trembla devant Carus : la Mésopotamie se soumit; les Perses divisés ne purent lui résister. Pendant que tout lui cédoit, le ciel l'arrêta par un coup de foudre. A force de le pleurer, Numérien fut prêt à perdre les yeux. Que ne fait dans les cœurs l'envie de régner? Loin d'être touché de ses maux, son beau-père Aper le tua : mais Dioclétien vengea sa mort, et parvint enfin à l'Empire, qu'il avoit désiré avec tant d'ardeur. Carinus se réveilla, malgré sa mollesse, et battit Dioclétien : mais, en poursuivant les fuyards, il fut tué par un des siens, dont il avoit corrompu la femme. Ainsi l'Empire fut défait du plus violent et du plus perdu de tous les hommes. Dioclétien gouverna avec vigueur, mais avec une insupportable vanité. Pour résister à tant d'ennemis, qui s'élevoient de tous côtés au dedans et au dehors, il nomma Maximien empereur avec lui, et sut néanmoins se conserver l'autorité principale. Chaque empereur fit un

César. Constantius Chlorus et Galérius furent élevés à ce haut rang. Les quatre princes soutinrent à peine le fardeau de tant de guerres. Dioclétien fuit Rome, qu'il trouvoit trop libre, et s'établit à Nicomédie, où il se fit adorer à la mode des Orientaux. Cependant les Perses, vaincus par Galérius, abandonnèrent aux Romains de grandes provinces et des royaumes entiers. Après de si grands succès, Galérius ne veut plus être sujet, et dédaigne le nom de César. Il commence par intimider Maximien. Une longue maladie avoit fait baisser l'esprit de Dioclétien, et Galérius, quoique son gendre, le força de quitter l'Empire (1). Il fallut que Maximien suivît son exemple. Ainsi l'Empire vint entre les mains de Constantius Chlorus et de Galérius ; et deux nouveaux Césars, Sévère et Maximin furent créés en leur place par les empereurs qui se déposoient. Les Gaules, l'Espagne et la Grande-Bretagne furent heureuses,

---

(1) Euseb. Hist. eccl. lib. viii, cap. 13. Grat. Const. ad Sanct. cœt. 25. Lact. de Mort. Persec. c. 17, 18.

mais trop peu de temps, sous Constantius Chlorus. Ennemi des exactions, et accusé par là de ruiner le fisc, il montra qu'il avoit des trésors immenses dans la bonne volonté de ses sujets. Le reste de l'empire souffroit beaucoup sous tant d'empereurs et tant de césars : les officiers se multiplioient avec les princes : les dépenses et les exactions étoient infinies. Le jeune Constantin, fils de Constantius Chlorus, se rendoit illustre (1) : mais il se trouvoit entre les mains de Galérius. Tous les jours, cet empereur, jaloux de sa gloire, l'exposoit à de nouveaux périls. Il lui falloit combattre les bêtes farouches par une espèce de jeu : mais Galérius n'étoit pas moins à craindre qu'elles. Constantin, échappé de ses mains, trouva son père expirant. En ce temps, Maxence, fils de Maximien, et gendre de Galérius, se fit empereur à Rome, malgré son beau-père ; et les divisions intestines se joignirent aux autres maux de l'état. L'image de Constantin, qui venoit de succéder à son père, portée à Rome,

---

(1) *Lact. ibid.* c. 24.

selon la coutume, y fut rejetée par les ordres de Maxence. La réception des images étoit la forme ordinaire de reconnoître les nouveaux princes. On se prépare à la guerre de tous côtés. Le césar Sévère, que Galérius envoya contre Maxence, le fit trembler dans Rome (1). Pour se donner de l'appui dans sa frayeur, il rappela son père Maximien. Le vieillard ambitieux quitta sa retraite, où il n'étoit qu'à regret, et tâcha en vain de retirer Dioclétien, son collègue, du jardin qu'il cultivoit à Salone. Au nom de Maximien, empereur pour la seconde fois, les soldats de Sévère le quittent. Le vieil empereur le fait tuer; et en même temps, pour s'appuyer contre Galérius, il donne à Constantin sa fille Fauste. Il falloit aussi de l'appui à Galérius, après la mort de Sévère; c'est ce qui le fit résoudre à nommer Licinius empereur (2) : mais ce choix piqua Maximin, qui, en qualité de césar, se croyoit plus proche du suprême honneur. Rien ne put lui per-

_____

(1) *Lact.* de Mort. Persec. c. 26, 27.
— (2) *Lact. ibid.* c. 28, 29, 30, 31, 32.

suader de se soumettre à Licinius ; et il se rendit indépendant dans l'Orient. Il ne restoit presque à Galérius que l'Illyrie, où il s'étoit retiré après avoir été chassé de l'Italie. Le reste de l'Occident obéissoit à Maximien, à son fils Maxence, et à son gendre Constantin. Mais il ne vouloit non plus, pour compagnons de l'Empire, ses enfans que les étrangers. Il tâcha de chasser de Rome son fils Maxence, qui le chassa lui-même. Constantin, qui le reçut dans les Gaules, ne le trouva pas moins perfide. Après divers attentats, Maximien fit un dernier complot, où il crut avoir engagé sa fille Fauste contre son mari. Elle le trompoit ; et Maximien, qui pensoit avoir tué Constantin en tuant l'eunuque qu'on avoit mis dans son lit, fut contraint de se donner la mort à lui-même. Une nouvelle guerre s'allume ; et Maxence, sous prétexte de venger son père, se déclare contre Constantin, qui marche à Rome avec ses troupes (1). En même temps il fait renverser les statues de Maximien ;

---

(1) *Lact.* de Mort. Persec. *cap.* 42, 43.

celles de Diocletien, qui y étoient jointes, eurent le même sort. Le repos de Dioclétien fut troublé de ce mépris; et il mourut quelque temps après, autant de chagrin que de vieillesse.

En ces temps, Rome, toujours ennemie du christianisme, fit un dernier effort pour l'éteindre, et acheva de l'établir. Galérius, marqué par les historiens comme l'auteur de la dernière persécution (1), deux ans devant qu'il eût obligé Dioclétien à quitter l'Empire, le contraignit à faire ce sanglant édit, qui ordonnoit de persécuter les chrétiens plus violemment que jamais. Maximien, qui les haïssoit, et n'avoit jamais cessé de les tourmenter, animoit les magistrats et les bourreaux : mais sa violence, quelque extrême qu'elle fût, n'égaloit point celle de Maximien et de Galérius. On inventoit tous les jours de nouveaux supplices. La pudeur des vierges chrétiennes n'étoit pas moins attaquée que leur foi. On recherchoit

---

(1) *Euseb.* Hist. eccles. *lib.* VIII, *c.* 16. De vita Constant. *lib.* 1, *c.* 57. *Lact.* ibid. *c.* 9. *et seq.*

les livres sacrés avec des soins extraordinaires, pour en abolir la mémoire; et les chrétiens n'osoient les avoir dans leurs maisons, ni presque les lire. Ainsi après trois cents ans de persécution, la haine des persécuteurs devenoit plus âpre. Les chrétiens les lassèrent par leur patience. Les peuples, touchés de leur sainte vie, se convertissoient en foule. Galérius désespéra de les pouvoir vaincre. Frappé d'une maladie extraordinaire, il révoqua ses édits, et mourut de la mort d'Antiochus, avec une aussi fausse pénitence. Maximin continua la persécution : mais Constantin-le-Grand, prince sage et victorieux, embrassa publiquement le christianisme.

ONZIÈME ÉPOQUE.

Constantin, ou la paix de l'Église.

CETTE célèbre déclaration de Constantin arriva l'an 312 de notre Seigneur. Pendant qu'il assiégeoit Maxence dans Rome, une croix lumineuse lui parut en l'air devant tout le monde, avec une inscription qui lui promettoit la victoire : la même chose lui est confirmée dans un songe. Le lendemain, il gagna cette célèbre bataille qui défit Rome d'un tyran, et l'Eglise d'un persécuteur. La croix fut étalée comme la défense du peuple romain et de tout l'Empire. Un peu après, Maximin fut vaincu par Licinius, qui étoit d'accord avec Constantin, et il fit une fin semblable à celle de Galérius. La paix fut donnée à l'Eglise. Constantin la combla d'honneurs. La victoire le suivit partout, et les Barbares furent réprimés, tant par lui que par ses enfans. Cependant Licinius se brouille avec lui, et renouvelle la persécution. Battu par mer et par terre, il est contraint de quitter l'Empire, et enfin de perdre la vie. En ce temps, Constantin assembla à Nicée en Bithynie le premier concile général, où trois cent dix-huit évêques, qui représentoient toute l'Eglise, condamnèrent le prêtre Arius, ennemi de la divinité du Fils de Dieu, et dressèrent le symbole où la consubstantialité du Père et du Fils est établie. Les prêtres de l'église romaine, envoyés par le pape saint Silvestre, précédèrent tous les évêques dans cette assemblée; et un ancien auteur Grec (1) compte

---

(1) *Gel. Cyzic.* Hist. Conc. Nic. *lib.* II,

14*

parmi les légats du saint Siége le célèbre Osius, évêque de Cordoue, qui présida au concile. Constantin y prit sa séance, et en reçut les décisions comme un oracle du ciel. Les Ariens cachèrent leurs erreurs, et rentrèrent dans ses bonnes grâces en dissimulant. Pendant que sa valeur maintenoit l'Empire dans une souveraine tranquillité, le repos de sa famille fut troublé par les artifices de Fauste, sa femme. Crispe, fils de Constantin, mais d'un autre mariage, accusé par cette marâtre de l'avoir voulu corrompre, trouva son père inflexible. Sa mort fut bientôt vengée. Fauste convaincue fut suffoquée dans le bain. Mais Constantin, déshonoré par la malice de sa femme, reçut en même temps beaucoup d'honneur par la piété de sa mère. Elle découvrit, dans les ruines de l'ancienne Jérusalem, la vraie croix féconde en miracles. Le saint sépulcre fut aussi trouvé. La nouvelle ville de Jérusalem, qu'Adrien avoit fait bâtir, la grotte où étoit né le Sauveur du

---

cap. 6, 27 : *Conc. Labb. tom.* ii, *col.* 158, 227.

monde, et tous les saints lieux furent ornés de temples superbes par Hélène et par Constantin. Quatre ans après, l'empereur rebâtit Byzance, qu'il appela Constantinople, et en fit le second siége de l'Empire. L'Eglise, paisible sous Constantin, fut cruellement affligée en Perse. Une infinité de martyrs signalèrent leur foi. L'empereur tâcha en vain d'apaiser Sapor, et de l'attirer au christianisme. La protection de Constantin ne donna aux chrétiens persécutés qu'une favorable retraite. Ce prince, béni de toute l'Eglise, mourut plein de joie et d'espérance, après avoir partagé l'Empire entre ses trois fils Constantin, Constance et Constant. Leur concorde fut bientôt troublée. Constantin périt dans la guerre qu'il eut avec son frère Constant pour les limites de leur empire. Constance et Constant ne furent guère plus unis. Constant soutint la foi de Nicée que Constance combattoit. Alors l'Eglise admira les longues souffrances de saint Athanase, patriarche d'Alexandrie et défenseur du concile de Nicée. Chassé de son siége par Constance, il fut rétabli canoniquement par le pape saint Jules I, dont Constant appuya le dé-

Ans do J. C.

330

336

337

340

341

cret (1). Ce bon prince ne dura guère. Le tyran Magnence le tua par trahison : mais bientôt après, vaincu par Constance, il se tua lui-même. Dans la bataille où ses affaires furent ruinées, Valens, évêque arien, secrètement averti par ses amis, assura Constance que l'armée du tyran étoit en fuite, et fit croire au foible empereur qu'il le savoit par révélation. Sur cette fausse révélation, Constance se livre aux Ariens. Les évêques orthodoxes sont chassés de leurs siéges ; toute l'Eglise est remplie de confusion et de trouble : la constance du pape Libère cède aux ennuis de l'exil : les tourmens font succomber le vieil Osius, autrefois le soutien de l'Eglise. Le concile de Rimini, si ferme d'abord, fléchit à la fin par surprise et par violence : rien ne se fait dans les formes : l'autorité de l'empereur est la seule loi : mais les Ariens, qui font tout par là, ne peuvent s'accorder entre eux, et changent tous les jours leur symbole : la foi de Nicée subsiste : saint Athanase, et saint Hilaire, évêque

_____

(1) Socr. Hist eccl. *lib.* ij, *cap.* 13. Sozom. *lib.* iii, c. 8.

de Poitiers, ses principaux défenseurs, se rendent célèbres par toute la terre. Pendant que l'empereur Constance, occupé des affaires de l'arianisme, faisoit négligemment celles de l'Empire, les Perses remportèrent de grands avantages. Les Allemands et les Francs tentèrent de toutes parts l'entrée des Gaules : Julien, parent de l'empereur, les arrêta et les battit. L'empereur lui-même défit les Sarmates, et marcha contre les Perses. Là paroît la révolte de Julien, contre l'empereur, son apostasie, la mort de Constance, le règne de Julien, son gouvernement équitable, et le nouveau genre de persécution qu'il fit souffrir à l'Eglise. Il en entretint les divisions; il exclut les chrétiens non-seulement des honneurs, mais des études; et, en imitant la sainte discipline de l'Eglise, il crut tourner contre elle ses propres armes. Les supplices furent ménagés, et ordonnés sous d'autres prétextes que celui de la religion. Les chrétiens demeurèrent fidèles à leur empereur : mais la gloire, qu'il cherchoit trop, le fit périr; il fut tué dans la Perse, où il s'étoit engagé témérairement. Jovien, son successeur, zélé chrétien, trouva

Ans de J. C.

357,358,359.

360
361

363

les affaires désespérées, et ne vécut que pour conclure une paix honteuse. Après lui, Valentinien fit la guerre en grand capitaine : il y mena son fils Gratien dès sa première jeunesse, maintint la discipline militaire, battit les Barbares, fortifia les frontières de l'empire, et protégea en Occident la foi de Nicée. Valens, son frère, qu'il fit son collègue, la persécutoit en Orient; et, ne pouvant gagner ni abattre saint Basile et saint Grégoire de Nazianze, il désespéroit de la pouvoir vaincre. Quelques Ariens joignirent de nouvelles erreurs aux anciens dogmes de la secte. Aërius, prêtre arien, est noté dans les écrits des saints Pères, comme l'auteur d'une nouvelle hérésie (1), pour avoir égalé la prêtrise à l'épiscopat, et avoir jugé inutiles les prières et les oblations que toute l'Eglise faisoit pour les morts. Une troisième erreur de cet hérésiarque, étoit de compter parmi les servitudes de la loi l'observance de certains jeûnes marqués, et de vouloir que le jeûne fût toujours libre. Il vivoit

---

(1) *Epiph. lib.* III, LXXV; *tom.* I, *p.* 906. *Aug. hær.* LIII; *tom.* VIII, *col.* 18.

encore, quand saint Epiphane se rendit célèbre par son histoire des hérésies, où il est réfuté avec tous les autres. Saint Martin fut fait évêque de Tours, et remplit tout l'univers du bruit de sa sainteté et de ses miracles, durant sa vie et après sa mort. Valentinien mourut après un discours violent qu'il fit aux ennemis de l'Empire; son impétueuse colère, qui le faisoit redouter des autres, lui fut fatale à lui-même. Son successeur Gratien vit sans envie l'élévation de son jeune frère Valentinien II, qu'on fit empereur, encore qu'il n'eût que neuf ans. Sa mère Justine, protectrice des Ariens, gouverna durant son bas âge. On voit ici en peu d'années de merveilleux événemens : la révolte des Goths contre Valens; ce prince quitter les Perses pour réprimer les rebelles ; Gratien accourir à lui, après avoir remporté une victoire signalée sur les Allemands. Valens, qui veut vaincre seul, précipite le combat, où il est tué auprès d'Andrinople : les Goths victorieux le brûlent dans un village où il s'étoit retiré. Gratien, accablé d'affaires, associe à l'Empire le grand Théodose, et lui laisse l'Orient. Les Goths sont vaincus : tous les Barbares sont tenus en crainte; et, ce que Théodose n'estimoit pas moins, les hérétiques Macédoniens, qui nioient la divinité du Saint-Esprit, sont condamnés au concile de Constantinople. Il ne s'y trouva que l'église grecque : le consentement de tout l'Occident, et du pape saint Damase, le fit appeler second concile général. Pendant que Théodose gouvernoit avec tant de force et tant de succès, Gratien, qui n'étoit pas moins vaillant ni moins pieux, abandonné de ses troupes, toutes composées d'étrangers, fut immolé au tyran Maxime. L'Eglise et l'Empire pleurent ce bon prince. Le tyran régna dans les Gaules, et sembla se contenter de ce partage. L'impératrice Justine publia, sous le nom de son fils, des édits en faveur de l'arianisme. Saint Ambroise, évêque de Milan, ne lui opposa que la saine doctrine, les prières et la patience, et sut par de telles armes, non-seulement conserver à l'Eglise les basiliques que les hérétiques vouloient occuper, mais encore lui gagner le jeune empereur. Cependant, Maxime remue; et Justine ne trouve rien de plus fidèle que le saint évêque, qu'elle traitoit de rebelle. Elle l'envoie au tyran, que son discours ne peuvent fléchir. Le jeune Valentinien est contraint de prendre la fuite avec sa mère. Maxime se rend maître de Rome, où il rétablit les sacrifices des faux dieux, par complaisance pour le sénat presque encore tout païen. Après qu'il eut occupé tout l'Occident, et dans le temps qu'il se croyoit le plus paisible, Théodose, assisté des Francs, le défit dans la Pannonie, l'assiégea dans Aquilée, et le laissa tuer par ses soldats. Maître absolu des deux empires, il rendit celui d'Occident à Valentinien, qui ne la garda pas long-temps. Ce jeune prince éleva et abaissa trop Arbogaste, un capitaine des Francs, vaillant, désintéressé, mais capable de maintenir par toutes sortes de crimes le pouvoir qu'il s'étoit acquis sur les troupes. Il éleva le tyran Eugène, qui ne savoit que discourir, et tua Valentinien, qui ne vouloit plus avoir pour maître le superbe Franc. Ce coup détestable fut fait dans les Gaules auprès de Vienne. Saint Ambroise, que le jeune empereur avoit mandé pour recevoir de lui le baptême, déplora sa perte, et espéra bien de son salut. Sa mort ne demeura pas impunie. Un miracle visible donna la victoire à Théodose sur Eugène,

388

392

et sur les faux dieux, dont ce tyran avoit rétabli le culte. Eugène fut pris : il fallut le sacrifier à la vengeance publique, et abattre la rébellion par sa mort. Le fier Arbogaste se tua lui-même, plutôt que d'avoir recours à la clémence du vainqueur, que tout le reste des rebelles venoit d'éprouver. Théodose, seul empereur, fut la joie et l'admiration de tout l'univers. Il appuya la religion ; il fit taire les hérétiques ; il abolit les sacrifices impurs des païens ; il corrigea la mollesse, et réprima les dépenses superflues. Il avoua humblement ses fautes, et il en fit pénitence. Il écouta saint Ambroise, célèbre docteur de l'Eglise, qui le reprenoit de sa colère, seul vice d'un si grand prince. Toujours victorieux, jamais il ne fit la guerre que par nécessité. Il rendit les peuples heureux, et mourut en paix, plus illustre par sa foi que par ses victoires. De son temps, saint Jérôme, prêtre, retiré dans la sainte grotte de Bethléem, entreprit des travaux immenses pour expliquer l'Ecriture, en lut tous les interprètes, déterra toutes les histoires saintes et profanes qui la peuvent éclaircir, et composa, sur l'original hébreu, la version de la Bible que toute l'Eglise a reçue sous le nom de *Vulgate*. L'Empire, qui paroissoit invincible sous Théodose, changea tout à coup sous ses deux fils. Arcade eut l'Orient, et Honorius l'Occident : tous deux gouvernés par leurs ministres, ils firent servir leur puissance à des intérêts particuliers. Rufin et Eutrope, successivement favoris d'Arcade, et aussi méchans l'un que l'autre, périrent bientôt ; et les affaires n'en allèrent pas mieux sous un prince foible. Sa femme Eudoxe lui fit persécuter saint Jean Chrysostôme, patriarche de Constantinople, et la lumière de l'Orient. Le pape saint Innocent, et tout l'Occident, soutinrent ce grand évêque contre Théophile, patriarche d'Alexandrie, ministre des violences de l'impératrice. L'Occident étoit troublé par l'inondation des Barbares. Radagaise, Goth et païen, ravagea l'Italie. Les Vandales, nation gothique et arienne, occupèrent une partie de la Gaule, et se répandirent dans l'Espagne. Alaric, roi des Visigoths, peuples ariens, contraignit Honorius à lui abandonner ces grandes provinces, déjà occupées par les Vandales. Stilicon, embarrassé de tant de Barbares, les bat, les ménage, s'entend et rompt avec eux, sacrifie tout à son intérêt, et conserve néanmoins l'Empire, qu'il avoit dessein d'usurper. Cependant Arcade mourut, et crut l'Orient si dépourvu de bons sujets, qu'il mit son fils Théodose, âgé de huit ans, sous la tutelle d'Isdegerde, roi de Perse. Mais Pulchérie, sœur du jeune empereur, se trouva capable des grandes affaires. L'empire de Théodose se soutint par la prudence et par la piété de cette princesse. Celui d'Honorius sembloit proche de sa ruine. Il fit mourir Stilicon, et ne sut pas remplir la place d'un si habile ministre. La révolte de Constantin, la perte entière de la Gaule et de l'Espagne, la prise et le sac de Rome, par les armes d'Alaric et des Visigoths, furent la suite de la mort de Stilicon. Ataulphe, plus furieux qu'Alaric, pilla Rome de nouveau, et il ne songeoit qu'à abolir le nom romain ; mais, pour le bonheur de l'Empire, il prit Placidie, sœur de l'empereur. Cette princesse captive, qu'il épousa, l'adoucit. Les Goths traitèrent avec les Romains, et s'établirent en Espagne, en se réservant dans les Gaules les provinces qui tiroient vers pire d'Occident n'en pouvoit plus. Attaqué par tant d'ennemis, il fut encore affoibli par les jalousies de ses généraux. Par les artifices d'Aétius, Boniface, comte d'Afrique, devint suspect à Placidie. Le comte, maltraité, fit venir d'Espagne Genséric et les Vandales, que les Goths en chassoient, et se repentit trop tard de les avoir appelés. L'Afrique fut ôtée à l'Empire. L'Eglise souffrit des maux infinis par la violence de ces Ariens, et vit couronner une infinité de martyrs. Deux furieuses hérésies s'élevèrent : Nestorius, patriarche de Constantinople, divisa la personne de Jésus-Christ; et vingt ans après, Eutychès, abbé, en confondit les deux natures. Saint Cyrille, patriarche d'Alexandrie, s'opposa à Nestorius, qui fut condamné par le pape saint Célestin. Le concile d'Ephèse, troisième général, en exécution de cette sentence, déposa Nestorius, et confirma le décret de saint Célestin, que les évêques du concile appellent leur père, dans leur définition (1). La sainte

_____

(1) *Part. II. Conc. Eph. act.* 1. *Sent. depos. Nestor. tom.* III. *Conc. Labb. col.* 533.

risèrent la condamnation, et l'étendirent par tout l'univers. Saint Augustin confondit ces dangereux hérétiques, et éclaira toute l'Eglise par ses admirables écrits. Le même père, secondé de saint Prosper, son disciple, ferma la bouche aux demi-Pélagiens, qui attribuoient le commencement de la justification et de la foi aux seules forces du libre arbitre. Un siècle si malheureux à l'Empire, et où il s'éleva tant d'hérésies, ne laissa pas d'être heureux au christianisme. Nul trouble ne l'ébranla, nulle hérésie ne le corrompit. L'Eglise, féconde en grands hommes, confondit toutes les erreurs. Après les persécutions, Dieu se plut à faire éclater la gloire de ses martyrs : toutes les histoires et tous les écrits sont pleins des miracles que leur secours imploré, et leurs tombeaux honorés, opéroient par toute la terre (1). Vigilance, qui s'opposoit à des sentimens si reçus, réfuté par saint Jérôme, demeura sans suite. La foi chrétienne s'affermissoit, et s'étendoit tous les jours. Mais l'em-

---

(1) *Hier.* cont. Vigil. *tom.* IV, *part* II. *col.* 282 *et seq.* Gennad. de Script. eccl.

les Pyrénées. Leur roi Vallia conduisit sagement ces grands desseins. L'Espagne montra sa constance; et sa foi ne s'altéra pas sous la domination de ces Ariens. Cependant les Bourguignons, peuples germains, occupèrent le voisinage du Rhin, d'où peu à peu ils gagnèrent le pays qui porte encore leur nom. Les Francs ne s'oublièrent pas: résolus de faire de nouveaux efforts pour s'ouvrir les Gaules, ils élevèrent à la royauté 420
Pharamond, fils de Marcomir; et la monarchie de France, la plus ancienne et la plus noble de toutes celles qui sont au monde, commença sous lui. Le malheureux Honorius mourut sans en 423
fans, et sans pourvoir à l'Empire. Théodose nomma empereur son cousin Valentinien III, fils de Placidie et de 424
Constance, son second mari, et le mit, durant son bas âge, sous la tutelle de sa mère, à qui il donna le titre d'impératrice. En ces temps, Célestius et Pélage 411, 412
nièrent le péché originel, et la grâce par laquelle nous sommes chrétiens. Malgré leurs dissimulations les conciles 416
d'Afrique les condamnèrent. Les papes saint Innocent et saint Zozime, que le 417
pape saint Célestin suivit depuis, auto

Vierge fut reconnue pour mère de Dieu, et la doctrine de saint Cyrille fut célébrée par toute la terre. Théodose, après quelques embarras, se soumit au concile, et bannit Nestorius. Eutychès, qui ne put combattre cette hérésie, qu'en se jetant dans un autre excès, ne fut pas moins fortement rejeté. Le pape saint Léon-le-Grand le condamna, et le réfuta tout ensemble, par une lettre qui fut révérée dans tout l'univers. Le concile de Chalcédoine, quatrième général, où ce grand pape tenoit la première place, autant par sa doctrine que par l'autorité de son siége, anathématisa Eutychès, et Dioscore, patriarche d'Alexandrie, son protecteur. La lettre du concile à saint Léon fait voir que ce pape y présidoit par ses légats, comme le chef à ses membres (1). L'empereur Marcien assista lui-même à cette grande assemblée, à l'exemple de Constantin, et en reçut les décisions avec le même respect. Un peu auparavant, Pulchérie l'avoit élevé à l'Empire en l'épousant. Elle fut re-

---

(1) Relat. S. Syn. Chalc. ad Leon. *Conc. part. III: tom.* IV, *col.* 837.

connue pour impératrice après la mort de son frère, qui n'avoit point laissé de fils. Mais il falloit donner un maître à l'Empire : la vertu de Marcien lui procura cet honneur. Durant le temps de ces deux conciles, Théodoret, évêque de Cyr, se rendit célèbre ; et sa doctrine seroit sans tache, si les écrits violens qu'il publia contre saint Cyrille n'avoient eu besoin de trop grands éclaircissemens. Il les donna de bonne foi, et fut compté parmi les évêques orthodoxes. Les Gaules commençoient à reconnoître les Francs. Aétius les avoit défendues contre Pharamond et contre Clodion le chevelu : mais Mérovée fut plus heureux, et y fit un plus solide établissement, à peu près dans le même temps que les Anglais, peuples saxons, occupèrent la Grande-Bretagne. Ils lui donnèrent leur nom, et y fondèrent plusieurs royaumes. Cependant, les Huns, peuples des Palus-Méotides, désolèrent tout l'univers avec une armée immense, sous la conduite d'Attila leur roi, le plus affreux de tous les hommes. Aétius, qui le défit dans les Gaules, ne put l'empêcher de ravager l'Italie. Les îles de la mer Adriatique servirent de retraite à plusieurs contre sa fureur. Venise s'éleva au milieu des eaux. Le pape saint Léon, plus puissant qu'Aétius et que les armées romaines, se fit respecter par ce roi barbare et païen, et sauva Rome du pillage : mais elle y fut exposée bientôt après par les débauches de son empereur Valentinien. Maxime, dont il avoit violé la femme, trouva le moyen de le perdre, en dissimulant sa douleur, et se faisant un mérite de sa complaisance. Par ses conseils trompeurs, l'aveugle empereur fit mourir Aétius, le seul rempart de l'Empire. Maxime, auteur du meurtre, en inspire la vengeance aux amis d'Aétius, et fait tuer l'empereur. Il monte sur le trône par ces degrés, et contraint l'impératrice Eudoxe, fille de Théodose-le-Jeune, à l'épouser. Pour se tirer de ses mains, elle ne craignit point de se mettre en celles de Genséric. Rome est en proie au barbare : le seul saint Léon l'empêche d'y mettre tout à feu et à sang : le peuple déchire Maxime, et ne reçoit dans ses maux que cette triste consolation. Tout se brouille en Occident : on y voit plusieurs empereurs s'élever, et tomber presque en même temps. Majorien fut le plus illustre. Avitus soutint mal sa ré-

putation, et se sauva par un évêché. On ne put plus défendre les Gaules contre Mérovée, ni contre Childéric, son fils : mais le dernier pensa périr par ses débauches. Si ses sujets le chassèrent, un fidèle ami, qui lui resta, le fit rappeler. 458
Sa valeur le fit craindre de ses ennemis, et ses conquêtes s'étendirent bien 465
avant dans les Gaules. L'empire d'Orient étoit paisible sous Léon, Thracien, successeur de Marcien, et sous Zénon, 474
gendre et successeur de Léon. La ré- 475
volte de Basilisque, bientôt opprimé, ne 476
causa qu'une courte inquiétude à cet empereur ; mais l'empire d'Occident périt sans ressource. Auguste, qu'on nomme Augustule, fils d'Oreste, fut le dernier empereur reconnu à Rome, et incontinent après, il fut dépossédé par Odoacre, roi des Hérules. C'étoient des peuples venus du Pont-Euxin, dont la domination ne fut pas longue. En Orient, l'empereur Zénon entreprit de se signaler d'une manière inouie. Il fut le premier des empereurs qui se mêlât de régler les questions de la foi. Pendant que les demi-Eutychiens s'opposoient au concile de Chalcédoine, il publia contre 482
le concile son Hénotique, c'est-à-dire

son décret d'union, détesté par les catholiques, et condamné par le pape Félix III. Les Hérules furent bientôt chassés de Rome par Théodoric, roi des Ostrogoths, c'est-à-dire Goths orientaux, qui fonda le royaume d'Italie, et laissa, quoiqu'arien, un assez libre exercice à la religion catholique. L'empereur Anastase la troubloit en Orient. Il marcha sur les pas de Zénon, son prédécesseur, et appuya les hérétiques. Par-là, il aliéna les esprits des peuples, et ne put jamais les gagner, même en ôtant des impôts fâcheux. L'Italie obéissoit à Théodoric. Odoacre, pressé dans Ravenne, tâcha de se sauver par un traité que Théodoric n'observa pas; et les Hérules furent contraints de tout abandonner. Théodoric, outre l'Italie, tenoit encore la Provence. De son temps, saint Benoît, retiré en Italie dans un désert, commençoit dès ses plus tendres années à pratiquer les saintes maximes, dont il composa depuis cette belle règle que tous les moines d'Occident reçurent avec le même respect que les moines d'Orient ont pour celle de saint Basile. Les Romains achevèrent de perdre les Gaules par les victoires de Clovis, fils de Childéric. Il gagna aussi sur les Allemands la bataille de Tolbiac, par le vœu qu'il fit d'embrasser la religion chrétienne, à laquelle Clotilde, sa femme, ne cessoit de le porter. Elle étoit de la maison des rois de Bourgogne, et catholique zélée, encore que sa famille et sa nation fût arienne. Clovis, instruit par saint Vaast, fut baptisé à Reims, avec ses Français, par saint Remi, évêque de cette ancienne métropole. Seul de tous les princes du monde, il soutint la foi catholique, et mérita le titre de *très-chrétien* à ses successeurs. Par la bataille où il tua de sa propre main Alaric, roi des Visigoths, Tolose (1) et l'Aquitaine furent jointes à son royaume. Mais la victoire des Ostrogoths l'empêcha de tout prendre jusqu'aux Pyrénées, et la fin de son règne ternit la gloire des commencemens. Ses quatre enfans partagèrent le royaume, et ne cessèrent d'entreprendre les uns sur les autres. Anastase mourut frappé du foudre. Justin, de basse naissance, mais habile et très-

---

(1) Aujourd'hui Toulouse. *Édit. de Vers.*

catholique, fut fait empereur par le sénat. Il se soumit avec tout son peuple aux décrets du pape saint Hormisdas, et mit fin aux troubles de l'Eglise d'Orient. De son temps, Boëce, homme célèbre par sa doctrine aussi bien que par sa naissance, et Symmaque, son beau-père, tous deux élevés aux charges les plus éminentes, furent immolés aux jalousies de Théodoric, qui les soupçonna, sans sujet, de conspirer contre l'état. Le roi, troublé de son crime, crut voir la tête de Symmaque dans un plat qu'on lui servoit, et mourut quelque temps après. Amalasonte, sa fille, et mère d'Atalaric, qui devenoit roi par la mort de son aïeul, est empêchée par les Goths de faire instruire le jeune prince, comme méritoit sa naissance ; et contrainte de l'abandonner aux gens de son âge, elle voit qu'il se perd sans pouvoir y apporter de remède. L'année d'après, Justin mourut, après avoir associé à l'empire son neveu Justinien, dont le long règne est célèbre par les travaux de Tribonien, compilateur du Droit romain, et par les exploits de Bélisaire, et de l'eunuque Narsès. Ces deux fameux capitaines réprimèrent les Perses, défirent les Ostrogoths et les Vandales, rendirent à leur maître l'Afrique, l'Italie et Rome : mais l'empereur, jaloux de leur gloire, sans vouloir prendre part à leurs travaux, les embarrassoit toujours plus qu'il ne leur donnoit d'assistance. Le royaume de France s'augmentoit. Après une longue guerre, Childebert et Clotaire, enfans de Clovis, conquirent le royaume de Bourgogne, et en même temps immolèrent à leur ambition les enfans mineurs de leur frère Clodomir, dont ils partagèrent entre eux le royaume. Quelque temps après, et pendant que Bélisaire attaquoit si vivement les Ostrogoths, ce qu'ils avoient dans les Gaules fut abandonné aux Français. La France s'étendoit alors beaucoup au-delà du Rhin ; mais les partages des princes, qui faisoient autant de royaumes, l'empêchoient d'être réunie sous une même domination. Ses principales parties furent la Neustrie, c'est-à-dire la France occidentale ; et l'Austrasie, c'est-à-dire la France orientale. La même année que Rome fut reprise par Narsès, Justinien fit tenir à Constantinople le cinquième concile général, qui confirma les précédens, et condamna quelques écrits favorables à Nestorius. C'est ce qu'on appeloit les trois Chapitres, à cause des trois auteurs, déjà morts il y avoit long-temps, dont il s'agissoit alors. On condamna la mémoire et les écrits de Théodore, évêque de Mopsueste, une lettre d'Ibas, évêque d'Edesse, et parmi les écrits de Théodoret, ceux qu'il avoit composés contre saint Cyrille. Les livres d'Origène, qui troubloient tout l'Orient depuis un siècle, furent aussi réprouvés. Ce concile, commencé avec de mauvais desseins, eut une heureuse conclusion, et fut reçu du saint Siége, qui s'y étoit opposé d'abord. Deux ans après le concile, Narsès, qui avoit ôté l'Italie aux Goths, la défendit contre les Français, et remporta une pleine victoire sur Bucelin, général des troupes d'Austrasie. Malgré tous ces avantages, l'Italie ne demeura guère aux empereurs. Sous Justin II, neveu de Justinien, et après la mort de Narsès, le royaume de Lombardie fut fondé par Alboin. Il prit Milan et Pavie : Rome et Ravenne se sauvèrent à peine de ses mains ; et les Lombards firent souffrir aux Romains des maux extrêmes. Rome fut mal secourue par ses empereurs, que les Avares, nation scythique, les Sarrasins, peuples d'Arabie, et les Perses, plus que tous les autres, tourmentoient de tous côtés en Orient. Justin, qui ne croyoit que lui-même et ses passions, fut toujours battu par les Perses, et par leur roi Chosroès. Il se troubla de tant de pertes, jusqu'à tomber en frénésie. Sa femme Sophie soutint l'E... re. Le malheureux prince revint trop tard à son bon sens, et reconnut en mourant la malice de ses flatteurs. Après lui, Tibère II, qu'il avoit nommé empereur, réprima les ennemis, soulagea les peuples, et s'enrichit par ses aumônes. Les victoires de Maurice, Cappadocien, général de ses armées, firent mourir de dépit le superbe Chosroès. Elles furent récompensées de l'Empire, que Tibère lui donna en mourant avec sa fille Constantine. En ce temps, l'ambitieuse Frédégonde, femme du roi Chilpéric I, mettoit toute la France en combustion, et ne cessoit d'exciter des guerres cruelles entre les rois français. Au milieu des malheurs de l'Italie, et pendant que Rome étoit affligée d'une peste épouvantable, saint Grégoire le Grand fut élevé malgré lui sur le siége de saint Pierre. Ce grand pape apaise la peste par ses prières; instruit les empereurs, et tout ensemble leur fait rendre l'obéissance qui leur est due; console l'Afrique, et la fortifie; confirme en Espagne les Visigoths convertis à l'arianisme, et Recarède le Catholique, qui venoit de rentrer au sein de l'Eglise; convertit l'Angleterre, réforme la discipline dans la France, dont il exalte les rois, toujours orthodoxes, au-dessus de tous les rois de la terre; fléchit les Lombards; sauve Rome et l'Italie, que les empereurs ne pouvoient aider; réprime l'orgueil naissant des patriarches de Constantinople; éclaire toute l'Eglise par sa doctrine; gouverne l'Orient et l'Occident avec autant de vigueur que d'humilité; et donne au monde un parfait modèle du gouvernement ecclésiastique. L'histoire de l'Eglise n'a rien de plus beau que l'entrée du saint moine Augustin dans le royaume de Kent, avec quarante de ses compagnons, qui, précédés de la croix et de l'image du grand roi, notre

Seigneur Jésus-Christ, faisoient des vœux solennels pour la conversion de l'Angleterre (1). Saint Grégoire, qui les avoit envoyés, les instruisoit par des lettres véritablement apostoliques, et apprenoit à saint Augustin à trembler parmi les miracles continuels que Dieu faisoit par son ministère (2). Berthe, princesse de France, attira au christianisme le roi Edhilbert, son mari. Les rois de France et la reine Brunehaut protégèrent la nouvelle mission. Les évêques de France entrèrent dans cette bonne œuvre, et ce furent eux qui, par l'ordre du pape, sacrèrent saint Augustin. Le renfort que saint Grégoire envoya au nouvel évêque, produisit de nouveaux fruits; et l'Eglise anglicane prit sa forme. L'empereur Maurice, ayant éprouvé la fidélité du saint pontife, se corrigea par ses avis, et reçut de lui cette louange si digne d'un prince chrétien, que la bouche des hérétiques n'osoit s'ouvrir de son temps. Un si

601
604

---

(1) *Beda.* Hist. angl. *lib.* 1, *cap.* 25. —
(2) *Greg. lib.* IX, *ep.* LVIII ; *nunc lib.* XI, *ind.* 4, *ep.* XXVIII ; *tom.* II, *col.* 1110.

pieux empereur fit pourtant une grande faute. Un nombre infini de Romains périrent entre les mains des Barbares, faute d'être rachetés à un écu par tête. On voit, incontinent après, les remords du bon empereur; la prière qu'il fait à Dieu de le punir en ce monde plutôt qu'en l'autre; la révolte de Phocas, qui égorge à ses yeux toute sa famille; Maurice tué le dernier, et ne disant autre chose parmi tous ses maux, que ce verset du Psalmiste : « Vous êtes » juste, ô Seigneur, et tous vos juge- » mens sont droits (1). » Phocas, élevé à l'Empire par une action si détestable, tâcha de gagner les peuples, en honorant le saint Siége, dont il confirma les priviléges. Mais sa sentence étoit prononcée. Héraclius, proclamé empereur par l'armée d'Afrique, marcha contre lui. Alors Phocas éprouva que souvent les débauches nuisent plus aux princes que les cruautés; et Photin, dont il avoit débauché la femme, le livra à Héraclius, qui le fit tuer. Le France vit un peu après une tragédie bien plus

---

(1) *Psal.* CXVIII. 137.

étrange. La reine Brunehaut, livrée à Clotaire II, fut immolée à l'ambition de ce prince : sa mémoire fut déchirée ; et sa vertu, tant louée par le pape saint Grégoire, a peine encore à se défendre. L'Empire cependant étoit désolé. Le roi de Perse Chosroès II, sous prétexte de venger Maurice, avoit entrepris de perdre Phocas. Il poussa ses conquêtes sous Héraclius. On vit l'empereur battu, et la vraie croix enlevée par les infidèles ; puis, par un retour admirable, Héraclius cinq fois vainqueur ; la Perse pénétrée par les Romains, Chosroès tué par son fils, et la sainte croix reconquise. Pendant que la puissance des Perses étoit si bien réprimée, un plus grand mal s'éleva contre l'Empire, et contre toute la chrétienté. Mahomet s'érigea en prophète parmi les Sarrasins : il fut chassé de la Mecque par les siens. A sa fuite commence la fameuse Hégire, d'où les mahométans comptent leurs années. Le faux prophète donna ses victoires pour toute marque de sa mission. Il soumit en neuf ans toute l'Arabie de gré ou de force, et jeta les fondemens de l'empire des califes. A ces maux se joi-

614

620, 621,
622, 623,
625, 626

612

629

gnit l'hérésie des Monothélites, qui, par une bizarrerie presque inconcevable, en reconnoissant deux natures en notre Seigneur, n'y vouloient reconnoître qu'une seule volonté. L'homme, selon eux, n'y vouloit rien, et il n'y avoit en Jésus-Christ que la seule volonté du Verbe. Ces hérétiques cachoient leur venin sous des paroles ambiguës : un faux amour de la paix leur fit proposer qu'on ne parlât pas ni d'une ni de deux volontés. Iis imposèrent par ces artifices au pape Honorius I, qui entra avec eux dans un dangereux ménagement, et consentit au silence, où le mensonge et la vérité furent également supprimés. Pour comble de malheur, quelque temps après, l'empereur Héraclius entreprit de décider la question de son autorité, et proposa son Ecthèse, ou Exposition, favorable aux Monothélites : mais les artifices des hérétiques furent enfin découverts. Le pape Jean IV condamna l'Ecthèse. Constant, petit-fils d'Héraclius, soutint l'édit de son aïeul par le sien appelé Type. Le saint siége et le pape Théodore s'opposent à cette entreprise : le pape saint Martin I assemble le concile de Latran, où il anathématise le Type et les chefs des Monothélistes. Saint Maxime, célèbre par tout l'Orient pour sa piété et pour sa doctrine, quitte la cour infectée de la nouvelle hérésie, reprend ouvertement les empereurs qui avoient osé prononcer sur les questions de la foi, et souffre des maux infinis pour la religion catholique. Le pape, traîné d'exil en exil, et toujours durement traité par l'empereur, meurt enfin parmi les souffrances sans se plaindre ni se relâcher de ce qu'il doit à son ministère. Cependant la nouvelle église anglicane, fortifiée par les soins des papes Boniface V et Honorius, se rendoit illustre par toute la terre. Les miracles y abondoient avec les vertus, comme dans les temps des apôtres ; et il n'y avoit rien de plus éclatant que la sainteté de ses rois. Edwin embrassa, avec tout son peuple, la foi qui lui avoit donné la victoire sur ses ennemis, et convertit ses voisins. Oswalde servit d'interprète aux prédicateurs de l'Evangile ; et renommé par ses conquêtes, il leur préféra la gloire d'être chrétien. Les Merciens furent convertis par le roi de Northumberland Osvin : leurs voisins et leurs successeurs suivirent leurs

650
654

627

634

655

pas; et leurs bonnes œuvres furent immenses. Tout périssoit en Orient. Pendant que les empereurs se consument dans des disputes de religion, et inventent des hérésies, les Sarrasins pénétrent l'Empire; ils occupent la Syrie et la Palestine; la sainte Cité leur est assujettie; la Perse leur est ouverte par ses divisions, et ils prennent ce grand royaume sans résistance. Ils entrent en Afrique, en état d'en faire bientôt une de leurs provinces : l'île de Chypre leur obéit; et ils joignent, en moins de trente ans, toutes ces conquêtes à celles de Mahomet. L'Italie, toujours malheureuse et abandonnée, gémissoit sous les armes des Lombards. Constant déssespéra de les chasser, et se résolut à ravager ce qu'il ne put défendre. Plus cruel que les Lombards même, il ne vint à Rome que pour en piller les trésors : les églises ne s'en sauvèrent pas : il ruina la Sardaigne et la Sicile; et devenu odieux à tout le monde, il périt de la main des siens. Sous son fils Constantin Pogonat, c'est-à-dire le Barbu, les Sarrasins s'emparèrent de la Cilicie et de la Lycie. Constantinople assiégée ne fut sauvée que par un miracle. Les

Bulgares, peuples venus de l'embouchure du Volga, se joignirent à tant d'ennemis dont l'Empire étoit accablé, et occupèrent cette partie de la Thrace appelée depuis Bulgarie, qui étoit l'ancienne Mysie. L'église anglicane enfantoit de nouvelles églises; et saint Wilfrid, évêque d'York, chassé de son siége, convertit la Frise. Toute l'Eglise reçut une nouvelle lumière par le concile de Constantinople, sixième général, où le pape saint Agathon présida par ses légats, et expliqua la foi catholique par une lettre admirable. Le concile frappa d'anathème un évêque célèbre par sa doctrine, un patriarche d'Alexandrie, quatre patriarches de Constantinople, c'est-à-dire, tous les auteurs de la secte des Monothélites; sans épargner le pape Honorius, qui les avoit ménagés. Après la mort d'Agathon, qui arriva durant le concile, le pape saint Léon II en confirma les décisions, et en reçut tous les anathèmes. Constantin Pogonat, imitateur du grand Constantin et de Marcien, entra au concile à leur exemple, et, comme il y rendit les mêmes soumissions, il y fut honoré des mêmes titres d'orthodoxe, de religieux, de pacifique empereur, et de restaurateur de la religion. Son fils Justinien II lui succéda encore enfant. De son temps la foi s'étendoit et éclatoit vers le Nord. Saint Kilien, envoyé par le pape Conon, prêcha l'Evangile dans la Franconie. Du temps du pape Serge, Ceadual, un des rois d'Angleterre, vint reconnoître en personne l'église romaine d'où la foi avoit passé en son île; et, après avoir reçu le baptême par les mains du pape, il mourut selon qu'il l'avoit lui-même désiré. La maison de Clovis étoit tombée dans une foiblesse déplorable : de fréquentes minorités avoient donné occasion de jeter les princes dans une mollesse dont ils ne sortoient point étant majeurs. De là sort une longue suite de rois fainéans qui n'avoient que le nom de roi, et laissoient tout le pouvoir aux maires du palais. Sous ce titre, Pépin Héristel gouverna tout, et éleva sa maison à de plus hautes espérances. Par son autorité, et après le martyre de saint Vigbert, la foi s'établit dans la Frise, que la France venoit d'ajouter à ses conquêtes. Saint Swibert, saint Willebrod, et d'autres hommes apostoliques répandirent l'Evangile dans les provinces voisines. Cependant la minorité de Justinien s'étoit heureusement passée : les victoires de Léonce avoient abattu les Sarrasins, et rétabli la gloire de l'Empire en Orient. Mais ce vaillant capitaine arrêté injustement, et relâché mal à propos, coupa le nez à son maître, et le chassa. Ce rebelle souffrit un pareil traitement de Tibère, nommé Absimare, qui lui-même ne dura guère. Justinien rétabli fut ingrat envers ses amis; et, en se vengeant de ses ennemis, il s'en fit de plus redoutables, qui le tuèrent. Les images de Philippique son successeur ne furent pas reçues dans Rome, à cause qu'il favorisoit les Monothélites, et se déclaroit ennemi du concile sixième. On élut à Constantinople Anastase II, prince catholique, et on creva les yeux à Philippique. En ce temps, les débauches de roi Roderic ou Rodrigue firent livrer l'Espagne aux Maures : c'est ainsi qu'on appeloit les Sarrasins d'Afrique. Le comte Julien, pour venger sa fille, dont Roderic abusoit, appela ces infidèles. Ils viennent avec des troupes immenses : ce roi périt : l'Espagne est soumise, et l'empire des Goths y est éteint. L'église d'Espagne fut mise alors à une nouvelle épreuve : mais, comme elle s'étoit conservée sous les Ariens, les mahométans ne purent l'abattre. Ils la laissèrent d'abord avec assez de liberté : mais dans les siècles suivans, il fallut soutenir de grands combats; et la chasteté eut ses martyrs, aussi bien que la foi, sous la tyrannie d'une nation aussi brutale qu'infidèle. L'empereur Anastase ne dura guère. L'armée força Théodose III à prendre la pourpre. Il fallut combattre : le nouvel empereur gagna la bataille, et Anastase fut mis dans un monastère. Les Maures, maîtres de l'Espagne, espéroient s'étendre bientôt au-delà des Pyrénées : mais Charles Martel, destiné à les réprimer, s'étoit élevé en France, et avoit succédé, quoique bâtard, au pouvoir de son père Pépin Héristel, qui laissa l'Austrasie à sa maison comme une espèce de principauté souveraine, et le commandement en Neustrie par la charge de maire du palais. Charles réunit tout par sa valeur. Les affaires d'Orient étoient brouillées. Léon, Isaurien, préfet d'Orient, ne reconnut pas Théodose, qui quitta sans répugnance l'Empire qu'il n'avoit accepté que par force; et, retiré à Éphèse, ne s'occupa plus que des véritables grandeurs. Les Sarrasins reçurent de grands coups, durant l'empire de Léon. Ils levèrent honteusement le siége de Constantinople. Pélage, qui se cantonna dans les montagnes d'Asturie avec ce qu'il y avoit de plus résolu parmi les Goths, après une victoire signalée, opposa à ces infidèles un nouveau royaume, par lequel ils devoient un jour être chassés de l'Espagne. Malgré les efforts et l'armée immense d'Abdérame leur général, Charles Martel, gagna sur eux la fameuse bataille de Tours. Il y périt un nombre infini de ces infidèles; et Abdérame lui-même y demeura sur la place. Cette victoire fut suivie d'autres avantages, par lesquels Charles arrêta les Maures, et étendit le royaume jusqu'aux Pyrénées. Alors les Gaules n'eurent presque rien qui n'obéît aux Français; et tous reconnoissoient Charles Martel. Puissant en paix, en guerre, et maître absolu du royaume, il régna sous plusieurs rois, qu'il fit et défit à sa fantaisie, sans oser prendre ce grand titre. La jalousie des seigneurs français vouloit être ainsi trompée. La religion s'établissoit en Allemagne. Le prêtre saint Boniface convertit ces peuples, et en fut fait évêque par le pape Grégoire II, qui l'y avoit envoyé. L'Empire étoit alors assez paisible, mais Léon y mit le trouble pour long-temps. Il entreprit de renverser, comme des idoles, les images de Jésus-Christ et de ses saints. Comme il ne put attirer à ses sentimens saint Germain, patriarche de Constantinople, il agit de son autorité, et après une ordonnance du sénat, on lui vit d'abord briser une image de Jésus-Christ, qui étoit posée sur la grande porte de l'église de Constantinople. Ce fut par là que commencèrent les violences des Iconoclastes, c'est-à-dire des Brise-image. Les autres images, que les empereurs, les évêques, et tous les fidèles avoient érigées depuis la paix de l'Eglise, dans les lieux publics et particuliers, furent aussi abattues. A ce spectacle le peuple s'émut. Les statues de l'empereur furent renversées en divers endroits. Il se crut outragé en sa personne : on lui reprocha un semblable outrage qu'il faisoit à Jésus-Christ et à ses saints, et que, de son aveu propre, l'injure faite à l'image retomboit sur l'original. L'Italie passa encore plus avant : l'impiété de l'empereur fut cause qu'on lui refusa les tributs ordinaires. Luitprand, roi des Lombards, se servit du même prétexte pour prendre Ravenne, résidence des exarques. On nommoit ainsi les gouverneurs que les empereurs envoyoient en Italie. Le pape Grégoire II s'opposa au renversement des images, mais en même temps il s'opposoit aux ennemis de l'Empire, et tachoit de retenir les peuples dans l'obéissance. La paix se fit avec les Lombards, et l'empereur exécuta son décret contre les images plus violemment que jamais. Mais le célèbre Jean de Damas lui déclara qu'en matière de religion il ne connoissoit de décrets que ceux de l'Eglise, et souffrit beaucoup. L'empereur chassa de son siége le patriarche saint Germain, qui mourut en exil, âgé de quatre-vingt-dix ans. Un peu après, les Lombards reprirent les armes, et dans les maux qu'ils faisoient souffrir au peuple romain, ils ne furent retenus que par l'autorité de Charles Martel, dont le pape Grégoire II avoit imploré l'assistance. Le nouveau royaume d'Espagne, qu'on appeloit dans ces premiers temps

730

739, 740

le royaume d'Oviède, s'augmentoit par la conduite d'Alphonse, gendre de Pélage, qui, à l'exemple de Recarède, dont il étoit descendu, prit le nom de Catholique. Léon mourut, et laissa l'Empire aussi bien que l'Eglise dans une grande agitation. Artabaze, préteur d'Arménie, se fit proclamer empereur, au lieu de Constantin Copronyme, fils de Léon, et rétablit les images. Après la mort de Charles Martel, Luitprand menaça Rome de nouveau : l'exarcat de Ravennes fut en péril, et l'Italie dut son salut à la prudence du pape saint Zacharie. Constantin, embarrassé dans l'Orient, ne songeoit qu'à s'établir ; il battit Artabaze, prit Constantinople, et la remplit de supplices. Les deux enfans de Charles Martel, Carloman et Pépin, avoient succédé à la puissance de leur père : mais Carloman, dégoûté du siècle au milieu de sa grandeur et de ses victoires, embrassa la vie monastique. Par ce moyen, son frère Pépin réunit en sa personne toute la puissance. Il sut la soutenir par un grand mérite, et prit le dessein de s'élever à la royauté. Childéric, le plus misérable de tous les princes, lui en ouvrit le chemin, et joignit à la qualité de fainéant celle d'insensé. Les Français, dégoûtés de leurs fainéans et accoutumés depuis tant de temps à la maison de Charles Martel, féconde en grands hommes, n'étoient plus embarrassés que du serment qu'ils avoient prêté à Childéric. Sur la réponse du pape Zacharie, ils se crurent libres, et d'autant plus dégagés du serment qu'ils avoient prêté à leur roi, que lui et ses devanciers sembloient depuis cent ans avoir renoncé au droit qu'ils avoient de leur commander, en laissant attacher tout le pouvoir à la charge de maire du palais. Ainsi Pépin fut mis sur le trône, et le nom de roi fut réuni avec l'autorité. Le pape Etienne III trouva dans le nouveau roi le même zèle que Charles Martel avoit eu pour le saint Siége contre les Lombards. Après avoir vainement imploré le secours de l'empereur, il se jeta entre les bras des Français. Le roi le reçut en France avec respect, et voulut être sacré et couronné de sa main. En même temps, il passa les Alpes, délivra Rome et l'exarcat de Ravenne, et réduisit Astolphe, roi des Lombards, à une paix équitable. Cependant l'empereur faisoit la guerre aux images. Pour s'appuyer de l'autorité ecclésiastique, il assembla un nombreux concile à Constantinople. On n'y vit pourtant point paroître, selon la coutume, ni les légats du saint Siége, ni les évêques ou les légats des autres siéges patriarcaux (1). Dans ce concile non-seulement on condamna comme idolâtrie tout l'honneur rendu aux images en mémoire des originaux, mais encore on y condamna la sculpture et la peinture comme des arts détestables (2). C'étoit l'opinion des Sarrasins, dont on disoit que Léon avoit suivi les conseils quand il renversa les images. Il ne parut pourtant rien contre les reliques. Le concile de Copronyme ne défendit pas de les honorer, et il frappa d'anathème ceux qui refusoient d'avoir recours aux prières de la sainte Vierge et des saints (3). Les catholiques, persécutés pour l'honneur qu'ils rendoient aux images, répondoient à l'empereur qu'ils

---

(1) *Conc. Nic. II*, act. VI : tom. VII *Concil.* col. 395. — (2) *Ibid. Defin. Pseudo-syn. C. P.* col. 458, 506. — (3) *Ibid. Pseudo. syn. C. P. Can.* IX et XI : col. 523, 527.

aimoient mieux endurer toutes sortes d'extrémités, que de ne pas honorer Jésus-Christ jusque dans son ombre. Cependant Pépin repassa les Alpes, et châtia l'infidèle Astolphe qui refusoit d'exécuter le traité de paix. L'église romaine ne reçut jamais un plus beau don que celui que lui fit alors ce pieux prince. Il lui donna les villes reconquises sur les Lombards, et se moqua de Copronyme, qui les redemandoit, lui qui n'avoit pu les défendre. Depuis ce temps, les empereurs furent peu reconnus dans Rome : ils y devinrent méprisables par leur foiblesse, et odieux par leurs erreurs. Pépin y fut regardé comme protecteur du peuple romain et de l'église romaine. Cette qualité devint comme héréditaire à sa maison et aux rois de France. Charlemagne, fils de Pépin, la soutint avec autant de courage que de piété. Le pape Adrien eut recours à lui contre Didier, roi des Lombards, qui avoit pris plusieurs villes, et menaçoit toute l'Italie. Charlemagne passa les Alpes. Tout fléchit; Didier fut livré : les rois lombards, ennemis de Rome et des papes, furent détruits : Charlemagne se fit couronner roi d'Ita-

755

772

773

774

lie, et prit le titre de roi des Français et des Lombards. En même temps, il exerça dans Rome même l'autorité souveraine, en qualité de patrice, et confirma au saint Siége les donations du roi son père. Les empereurs avoient peine à résister aux Bulgares, et soutenoient vainement contre Charlemagne les Lombards dépossédés. La querelle des images duroit toujours. Léon IV, fils de Copronyme, sembloit d'abord s'être adouci ; mais il renouvela la persécution aussitôt qu'il se crut le maître. Il mourut bientôt. Son fils Constantin, âgé de dix ans, lui succéda, et régna sous la tutelle de l'impératrice Irène, sa mère. Alors les choses commencèrent à changer de face. Paul, patriarche de Constantinople, déclara, sur la fin de sa vie, qu'il avoit combattu les images contre sa conscience, et se retira dans un monastère, où il déplora en présence de l'impératrice le malheur de l'église de Constantinople séparée des quatre siéges patriarcaux, et lui proposa la célébration d'un concile universel comme l'unique remède d'un si grand mal. Taraise son successeur soutint que la question n'avoit pas été jugée dans l'ordre, parce qu'on avoit commencé par une ordonnance de l'empereur, qu'un concile tenu contre les formes avoit suivie; au lieu qu'en matière de religion, c'est au concile à commencer, et aux empereurs à appuyer le jugement de l'Eglise. Fondé sur cette raison, il n'accepta le patriarcat qu'à condition qu'on tiendroit le concile universel : il fut commencé à Constantinople, et continué à Nicée. Le pape y envoya ses légats : le concile des Iconoclastes fut condamné: ils sont détestés comme gens qui, à l'exemple des Sarrasins, accusoient les chrétiens d'idolâtrie. On décida que les images seroient honorées en mémoire et pour l'amour des originaux; ce qui s'appelle, dans le concile, *culte relatif, adoration et salutation honoraire*, qu'on oppose *au culte suprême, et à l'adoration de latrie, ou d'entière sujétion*, que le concile réserve à Dieu seul (1). Outre les légats du saint Siége, et la présence du patriarche de Constantinople, il y parut des légats des autres siéges patriarcaux

___

(1) Conc. Nic. II, act. vii ; tom. vii. Conc. col. 555.

opprimés alors par les infidèles. Quelques-uns leur ont contesté leur mission: mais ce qui n'est pas contesté, c'est que loin de les désavouer, tous ces siéges ont accepté le concile sans qu'il y paroisse de contradiciton, et il a été reçu par toute l'Eglise. Les Français, environnés d'idolâtres ou de nouveaux chrétiens dont ils craignoient de brouiller les idées, et d'ailleurs embarrassés du terme équivoque d'adoration, hésitèrent long-temps. Parmi toutes les images, ils ne vouloient rendre d'honneur qu'à celle de la croix, absolument différente des figures que les païens croyoient pleines de divinité. Ils conservèrent pourtant en lieu honorable, et même dans les églises, les autres images, et détestèrent les Iconoclastes. Ce qui resta de diversité ne fit aucun schisme. Les Français connurent enfin que les pères de Nicée ne demandoient pour les images que le même genre de culte, toutes proportions gardées, qu'ils rendoient eux-mêmes aux reliques, au livre de l'Evangile et à la croix; et ce concile fut honoré par toute la chrétienté sous le nom de septième concile général.

Ainsi nous avons vu les sept conciles généraux que l'Orient et l'Occident, l'église grecque et l'église latine, reçoivent avec une égale révérence. Les empereurs convoquoient ces grandes assemblées par l'autorité souveraine qu'ils avoient sur tous les évêques, ou du moins sur les principaux, d'où dépendoient tous les autres, et qui étoient alors sujets de l'Empire. Les voitures publiques leur étoient fournies par l'ordre des princes. Ils assembloient les conciles en Orient, où ils faisoient leur résidence, et y envoyoient ordinairement des commissaires pour maintenir l'ordre. Les évêques ainsi assemblés portoient avec eux l'autorité du Saint-Esprit, et la tradition des églises. Dès l'origine du christianisme, il y avoit trois siéges principaux, qui précédoient tous les autres, celui de Rome, celui d'Alexandrie, et celui d'Antioche. Le concile de Nicée avoit approuvé que l'évêque de la Cité sainte eût le même rang (1). Le second et le quatrième concile éle-

---

(1) *Conc. Nic. Can.* VII; *tom.* II. *Conc. col.* 31.

vèrent le siége de Constantinople, et voulurent qu'il fût le second (1). Ainsi il se fit cinq siéges, que dans la suite des temps on appela patriarcaux. La préséance leur étoit donnée dans le concile. Entre ces siéges, le siége de Rome étoit toujours regardé comme le premier, et le concile de Nicée régla les autres sur celui là (2). Il y avoit aussi des évêques métropolitains qui étoient les chefs des provinces, et qui précédoient les autres évêques. On commença assez tard à les appeler archevêques; mais leur autorité n'en étoit pas moins reconnue. Quand le concile étoit formé, on proposoit l'Ecriture sainte; on lisoit les passages des anciens pères témoins de la tradition : c'étoit la tradition qui interprétoit l'écriture : on croyoit que son vrai sens étoit celui dont les siècles passés étoient convenus, et nul ne croyoit avoir droit de l'expliquer autrement. Ceux qui refusoient de se soumettre aux décisions du concile étoient frappés

---

(1) *Conc. C. P. 1. Can.* III; *ibid. col.* 948. *Conc. Chalced. Can.* XXVIII; *tom.* IV, *col.* 769. — (2) *Conc. Nic. Can.* VI; *ubi sup.*

d'anathème. Après avoir expliqué la foi, on régloit la discipline ecclésiastique, et on dressoit les canons, c'est-à-dire les règles de l'Eglise. On croyoit que la foi ne changeoit jamais, et qu'encore que la discipline pût recevoir divers changemens, selon les temps et selon les lieux, il falloit tendre, autant qu'on pouvoit, à une parfaite imitation de l'antiquité. Au reste, les papes n'assistèrent que par leurs légats aux premiers conciles généraux; mais ils en approuvèrent expressément la doctrine, et il n'y eut dans l'Eglise qu'une seule foi.

Constantin et Irène firent religieusement exécuter les décrets du septième concile : mais le reste de leur conduite ne se soutint pas. Le jeune prince, à qui sa mère fit épouser une femme qu'il n'aimoit point, s'emportoit à des amours déshonnêtes; et, las d'obéir aveuglément à une mère si impérieuse, il tâchoit de l'éloigner des affaires, où elle se maintenoit malgré lui. Alphonse le Chaste régnoit en Espagne. La continence perpétuelle que garda ce prince lui mérita ce beau titre, et le rendit digne d'affranchir l'Espagne de l'infâme tribut de cent filles, que son oncle Mauregat avoit accordé aux Maures. Soixante et dix mille de ces infidèles tués dans une bataille, avec Mugait, leur général, firent voir la valeur d'Alphonse. Constantin tâchoit aussi de se signaler contre les Bulgares; mais les succès ne répondoient pas à son attente. Il détruisit à la fin tout le pouvoir d'Irène; et, incapable de se gouverner lui-même autant que de souffrir l'empire d'autrui, il répudia sa femme Marie, pour épouser Théodote, qui étoit à elle. Sa mère irritée fomenta les troubles que causa un si grand scandale. Constantin périt par ses artifices. Elle gagna le peuple en modérant les impôts, et mit dans ses intérêts les moines avec le clergé par une pitié apparente. Enfin elle fut reconnue seule impératrice. Les Romains méprisèrent ce gouvernement et se tournèrent à Charlemagne, qui subjuguoit les Saxons, réprimoit les Sarrasins, détruisoit les hérésies, protégeoit les papes, attiroit au christianisme les nations infidèles, rétablissoit les sciences et la discipline ecclésiastique, assembloit de fameux conciles où sa profonde doctrine étoit admirée, et faisoit ressentir non-seulement à la France et à l'Italie, mais encore à l'Espagne, à l'Angleterre, à la Germanie, et partout, les effets de sa piété et de sa justice.

DOUZIÈME ÉPOQUE.

Charlemagne, ou l'établissement du nouvel Empire.

Enfin, l'an 800 de notre Seigneur, ce grand protecteur de Rome et de l'Italie, ou pour mieux dire de toute l'Église et de toute la chrétienté, élu empereur par les Romains sans qu'il y pensât, et couronné par le pape Léon III, qui avoit porté le peuple romain à ce choix, devint le fondateur du nouvel empire et de la grandeur temporelle du saint siége.

Voilà, Monseigneur, les douze époques que j'ai suivies dans cet abrégé. J'ai attaché à chacune d'elles les faits principaux qui en dépendent. Vous pouvez maintenant, sans beaucoup de peine, disposer, selon l'ordre des temps, les grands événemens de l'histoire ancienne, et les ranger, pour ainsi dire, chacun sous son étendard.

Je n'ai pas oublié, dans cet abrégé, cette célèbre division que font les chronologistes de la durée du monde en sept âges. Le commencement de chaque âge nous sert d'époque : si j'y en mêle quelques autres, c'est afin que les choses soient plus distinctes, et que l'ordre des temps se développe devant vous avec moins de confusion.

Quand je vous parle de l'ordre des temps, je ne prétends pas, Monseigneur, que vous vous chargiez scrupuleusement de toutes les dates; encore moins que vous entriez dans toutes les disputes des chronologistes, où le plus souvent il ne s'agit que de peu d'années. La chronologie contentieuse, qui s'arrête scrupuleusement à ces minuties, a son usage sans doute; mais elle n'est pas votre objet, et sert peu à éclairer l'esprit d'un grand prince. Je n'ai point voulu raffiner sur cette discussion des temps; et parmi les calculs déjà faits, j'ai suivi celui qui m'a paru le plus vraisemblable, sans m'engager à le garantir.

Que dans la supputation qu'on fait des années, depuis le temps de la création jusqu'à Abraham, il faille suivre les Septante, qui font le monde plus vieux, ou l'hébreu, qui le fait plus jeune de plusieurs siècles ; encore que l'autorité de l'original hébreu semble devoir l'emporter, c'est une chose si indifférente en elle-même, que l'Eglise, qui a suivi avec saint Jérôme la supputation de l'hébreu dans notre Vulgate, a laissé celle des Septante dans son Martyrologe. En effet, qu'importe à l'histoire de diminuer ou de multiplier des siècles vides, où aussi bien l'on n'a rien à raconter ? N'est-ce pas assez que les temps où les dates sont importantes aient des caractères fixes, et que la distribution en soit appuyée sur des fondemens certains ? Et quand même dans ces temps il y auroit de la dispute pour quelques années, ce ne seroit presque jamais un embarras. Par exemple, qu'il faille mettre de quelques années plus tôt ou plus tard, ou la fondation de Rome, ou la naissance de Jésus-Christ, vous avez pu reconnoître que cette diversité ne fait rien à la suite des histoires, ni à l'accomplissement des conseils de Dieu. Vous devez éviter les anachronismes qui brouillent l'ordre des affaires, et laisser disputer des autres entre les savans.

Je ne veux non plus charger votre

mémoire du compte des olympiades, quoique les Grecs, qui s'en servent, les rendent nécessaires à fixer les temps. Il faut savoir ce que c'est, afin d'y avoir recours dans le besoin : mais, au reste, il suffira de vous attacher aux dates que je vous propose comme les plus simples et les plus suivies, qui sont celles du monde jusqu'à Rome, celles de Rome jusqu'à Jésus-Christ, et celle de Jésus-Christ dans toute la suite.

Mais le vrai dessein de cet abrégé n'est pas de vous expliquer l'ordre des temps, quoiqu'il soit absolument nécessaire pour lier toutes les histoires, et en montrer le rapport. Je vous ai dit, Monseigneur, que mon principal objet est de vous faire considérer, dans l'ordre des temps, la suite du peuple de Dieu, et celle des grands empires.

Ces deux choses roulent ensemble dans ce grand mouvement des siècles, où elles ont, pour ainsi dire, un même cours : mais il est besoin, pour les bien entendre, de les détacher quelquefois l'une de l'autre, et de considérer tout ce qui convient à chacune d'elles.

FIN DE LA PREMIÈRE PARTIE
ET DU TOME PREMIER.

TABLE

DES

DIVISIONS DE CE DISCOURS.

AVANT-PROPOS. Dessein général de cet ouvrage : sa division en trois parties. *Page* 1

PREMIÈRE PARTIE.

LES ÉPOQUES, OU LA SUITE DES TEMPS.

PREMIÈRE ÉPOQUE. Adam, ou la Création. *Premier âge du monde.* 9
IIe ÉPOQUE. Noé, ou le déluge. *Second âge du monde.* 13
IIIe ÉPOQUE. La vocation d'Abraham, ou le commencement du peuple de Dieu et de l'alliance. *Troisième âge du monde.* 18
IVe ÉPOQUE. Moïse, ou la loi écrite. *Quatrième âge du monde.* 23
Ve ÉPOQUE. La prise de Troie. 29

VI.ᵉ ÉPOQUE. Salomon, ou le temple achevé. *Cinquième âge du monde.* 32

VII.ᵉ ÉPOQUE. Romulus, ou Rome fondée. 41

VIII.ᵉ ÉPOQUE. Cyrus, ou les Juifs rétablis. *Sixième âge du monde.* 67

IX.ᵉ ÉPOQUE. Scipion, ou Carthage vaincue. 109

X.ᵉ ÉPOQUE. Naissance de Jésus-Christ. *Septième et dernier âge du monde.* 130

XI.ᵉ ÉPOQUE. Constantin, ou la paix de l'Église. 160

XII.ᵉ ÉPOQUE. Charlemagne, ou l'établissement du nouvel Empire. 211

CONDITIONS DE LA SOUSCRIPTION.

Comme pendant l'année qui vient de s'écouler, un volume in-12 paraîtra le 1er de chaque mois, et le 15 un volume in-18.

Chaque ouvrage sera revu, corrigé et enrichi de notices, de préfaces et de recherches bibliographiques.

On publiera aussi de temps en temps des prières, choix de maximes, gravures, ou petits traités propres à être distribués aux personnes de piété, aux enfans ou aux gens de la campagne.

Chaque souscripteur est libre, *en souscrivant*, de prendre les 24 vol. publiés dans l'année, ou 24 de son choix ; mais ceux qui prennent les premiers vol. d'un ouvrage, s'engagent par là même à retirer les suivans jusqu'à la fin. Nous prions nos souscripteurs de peser cette observation importante.

Le prix de la souscription, *brochée* et expédiée franc de port et d'emballage dans chaque évêché ou chaque chef-lieu de département, et même dans un grand nombre d'arrondissemens où sont établis des dépositaires, est de 25 fr. par an, et de 13 fr. pour six mois, payables d'avance.

Liste des ouvrages qui seront publiés depuis le 1er octobre 1825, jusqu'au 1er avril 1826.

Deuxième année. — Premier semestre.

IN-12.	IN-18.
1 *oct.* Vie de St.-François-Xavier, apôtre des Indes ; par le P. *Bouhours*.	15 *oct.* Traité de la Paix intérieure ; par le P. *Lombez*.
1 *nov.* Vie de St.-François Xavier, apôtre des Indes ; par le P. *Bouhours* ; t. 2.	15 *nov.* Pensées sur la Religion ; par *Bl. Pascal*.
1 *déc.* Instruction de la Jeunesse en la piété chrétienne ; par *Gobinet*.	15 *déc.* Histoire universelle ; par *Bossuet*.
1 *janv.* Histoire de l'Eglise gallicane ; par *Longueval* ; t. 4.	15 *janv.* Choix de Poésies, ou Recueil de morceaux propres à orner la mémoire et à former le cœur ; ouvrage nouv. t. 1.
1 *fév.* Histoire de l'Eglise gallicane ; par le P. *Longueval* ; t. 5.	15 *fév.* Choix de Poésies, ou Recueil de morceaux propres à orner la mémoire et à former le cœur. t. 2.
1 *mars.* La Consolation du Chrétien dans les diverses circonstances de la vie ; par l'abbé *Roissard*.	15 *mars.* Recueil des morts édifiantes ; ouvrage nouveau.

www.ingramcontent.com/pod-product-compliance
Lightning Source LLC
Chambersburg PA
CBHW071906160426
43198CB00011B/1195